마르크스의 자본,
판도라의 상자를 열다

마르크스의 자본, 판도라의 상자를 열다

2012년 5월 30일 1판 1쇄
2024년 2월 29일 1판 9쇄

지은이 강신준

편집 정은숙, 서상일
디자인 놀이터
제작 박홍기
마케팅 이병규, 이민정, 강효원
홍보 조민희

출력 블루엔
인쇄 코리아피앤피
제책 J&D바인텍

펴낸이 강맑실
펴낸곳 (주)사계절출판사 | **등록** 제406-2003-034호
주소 (우)10881 경기도 파주시 회동길 252
전화 031)955-8588, 8558
전송 마케팅부 031)955-8595 편집부 031)955-8596
홈페이지 www.sakyejul.net | **전자우편** skj@sakyejul.com
블로그 blog.naver.com/sakyejul | **트위터** twitter.com/sakyejul | **페이스북** facebook.com/sakyejul

ISBN 978-89-5828-617-2   44330
ISBN 978-89-5828-407-9   (세트)

마르크스의 자본,
판도라의 상자를 열다

강신준 지음

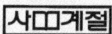

사○계절

나이를 먹어 가면서 지나온 길을 돌아보면 문득, 그 길이 자신의 의지에 따른 것이기보다는 자신도 알 수 없는 어떤 힘에 이끌려 왔다는 느낌을 받을 때가 있습니다. 아마 그런 것이 운명일 것입니다. 저에게는 그런 운명이 비교적 뚜렷한 형태로 다가왔는데, 그 운명의 갈림길에 자리 잡은 것이 바로 여기에 소개하는 책 마르크스의 『자본』입니다. 저는 대학 시절 이 책을 처음 만났고, 그것이 인연이 되어 제 의지와는 달리 결국 대학 강단에 서게 되었으며, 평생 이 책을 강의하고 이 책과 관련된 일을 하게 되었습니다.

그러나 대학에서 정년을 바라보는 나이가 되어 버린 지금, 이 책을 조금 더 일찍 만났더라면 하는 아쉬움이 새삼 깊게 남습니다. 그것은 무엇보다 이 책이 지닌 깊이에 견주어 제가 연구자로서 이 책과 본격적으로 접한 기간이 너무 짧았다는 생각에서입니다. 제 연구 역량의 부족을 메울 시간이 턱없이 모자란 것을 절감하고 있기 때문입니다. 또한 이 책과 조금 더 일찍 만났더라면 제 삶의 방향이 달라졌을 것이라는 개인적인 회한도 남습니다. 이 책이 알려주는 진정한 삶의 방향을 모른 채 소중한 젊은 시절을 입시 경쟁에 파묻혀 너무 많이 낭비해 버렸기 때문입니다.

저의 청소년 시절은 물론 대학 시절에도 우리나라에서는 이 책이 온갖 터무니없는 편견과 섣부른 판단에 휩싸인 채로 금지되어 있었습니다. 그것은 마치 한창 햇볕이 필요한 식물에게 잔인하게도 커튼으로 해를 차단해 버린 것과 다름없었습니다. 저의 젊은 시절은 그렇게 필요한 자양분을 얻지 못한 채 그늘에서 시들고 병든 상태로 흘러가 버렸습니다.

그래서 사계절출판사에서 이 책의 집필을 제안했을 때 저는 다른 무엇보다도 이 일을 가장 먼저 처리해야 할 일로 받아들였습니다. 제가 젊은 시절 얻지 못했던 바로 그 따사로운 햇볕을 우리 청소년들에게 줄 수 있다는 희망 때문이었습니다.

사람이 무슨 일이든 한 가지 일을 오래 하다 보면 다른 사람이 보지 못하는 것을 하나쯤은 보게 된답니다. 학자로서 평생을 살아오면서 저는 '진리(또는 진실)'라는 것이 존재한다는 뚜렷한 믿음을 얻을 수 있었습니다. 『자본』은 바로 그런 책입니다. 그것은 진리가 어떤 것인지, 어떤 형태로 존재하는지, 진리를 알아내는 과학이 어떤 것인지, 그리고 무엇보다도 진리가 바로 오늘의 우리 현실에서 곧장 실현될 수 있는 것임을 결코 논박할 수 없는 형태로 제시해 주는 책이랍니다.

'진리'가 우리에게 중요한 까닭은 우리가 삶을 낭비하는 것을 막아 주기 때문입니다. 강의 도중 학생들에게 물어보면 다들 하나같이 지나온 청소년기를 후회합니다. 좀 더 나은 길을 갈 수 있었는데 그러지 못했다는 것이지요. 저는 『자본』이 청소년들에게 나중에 바로 그런 후회를 줄여 줄 수 있는 매우 중요한 고전이라고 생각합니다. 무엇보다도 『자본』은 진리가 책 속에만 존재하는 것이 아니라 우리들 현실의 삶 속에 살아 있는 것임을 알려 주기 때문입니다.

이 책을 읽기 전에 청소년 여러분들에게 한 가지 당부하고 싶은 점이 있습니다. 여기에 소개하는 『자본』에 대하여 우리 사회에는 많은 편견과 선입견이 존재합니다. 그러나 그것들은 모두 근거 없는 소문일 뿐이랍니다. 그러니 여러분이 가지고 있던 『자본』에 대한 소문은 모두 지운 다음 이 책을 읽어 주었으면 합니다. 그 소문은 『자본』을 전혀 읽어 보지 않았거나 전혀 이해하지 못한 사람들이 악의적으로 지어낸 얘기일 뿐이기 때문입니다.

이 책에서 소개하는 『자본』을 통해 여러분은 아마 지금까지 알고 있던 세상과는 전혀 다른 세상(더 정확하게 얘기하자면 세상의 원리)을 알게 될 것입니다. 저는 여러분이 이 책을 밑거름 삼아 우리 사회를 더 민주적인 사회, 즉 지금보다 더 많은 사람들이 경제적 행복을 나누어 가질 수 있는 사회로 만들어 가기를 간절히 희망합니다.

물론 이 책은 『자본』의 모든 것을 전해 주지 못합니다. 그래서 여기에서 얘기한 내용 가운데에는 의문이 풀리지 않는 것도 많을 것입니다. 그것은 나중에 여러분이 조금 더 시간을 내어 『자본』을 직접 읽거나, 이 책보다 좀 더 자세히 『자본』을 소개한 책을 통해 차차 알아 나가도록 하십시오. 이 책은 단지 『자본』을 향한 첫걸음을 떼는 데 도움을 줄 수 있다면 그것으로 충분합니다.

덧붙여, 저는 여러분보다 앞선 세대로서 청소년 여러분에게 한 가지 용서를 구하고 싶습니다. 우리 세대는 『자본』과 만난 시간이 너무 짧은 탓에 미처 여러분에게 좋은 사회를 만들어 주지 못했습니다. 저는 유럽의 청소년들을 보면서 정말 좋은 사회란 것이 실제로 있다는 것을 보았고, 그것이 『자본』의 가르침을 충분히 소화한 사회와 그렇지 못한 사회의 차이라는 사실을 깨달았습니다. 우리 세대가 이루지 못한 일을 청소년 여러분 세대에 미루게 되어 참으로 미안하게 생각합니다.

마지막으로, 『자본』이 미래의 주역인 청소년과 만날 수 있도록 주니어클래식 시리즈를 기획해 준 사계절출판사에 깊이 감사드립니다. 또한 이 책을 청소년의 눈높이에 맞추기 위해 책 구석구석까지 여러모로 많은 손길을 아끼지 않은 편집진 여러분께도 감사의 마음을 전하고 싶습니다. 휴식의 여유가 별로 없는 입시 경쟁의 땡볕 아래에서, 이 책이 청소년 여러분에게 잠시나마 삶의 지혜와 희망이라는 시원한 그늘이 되어 주기를 간절히 바랍니다.

2012년 봄 부산에서
강신준

차례

일러두기

『자본』 인용문에 표기된 쪽수는 도서출판 길(강신준 옮김)에서 번역 출간한 한글판의 쪽수이다. 인용문 속의 괄호는 지은이가 부연 설명한 내용이다.

감춰진 판도라의 상자

경제를 다루는 책 『자본』

여러분이 주변 사람들에게서 가장 많이 듣는(또는 들었던) 말은 "공부 열심히 하라!"는 소리일 겁니다. 여러분이 듣기 싫어하는 말이기도 할 테지요. 그런데 이런 말을 하는 사람은 누구인가요? 여러분을 정말로 사랑하는 부모님과 집안의 어르신, 그리고 선생님과 친구들입니다. 왜 여러분을 사랑하는 사람들이 정작 여러분이 듣기 싫어하는 말을 하는 것일까요? 물론 여러분이 잘되라고 하는 말이라는 것은 여러분도 벌써 알고 있을 겁니다.

그런데 이분들이 생각하는 '잘되는 것'이란 어떤 뜻일까요? 건강해지라는 말은 아닐 테고, 외모가 예뻐지라는 말은 더더욱 아닐 것입니다. 그렇다면 도대체 잘된다는 것이 무엇일까요? 잘 먹고 잘살라는 말이죠. 즉 '경제적으로 부유하게 살라'는 것입니다.

언젠가 텔레비전에서 한 여자 고등학교의 교실을 비쳐 준 적이 있습니다. 교실 한쪽 벽에 이런 글이 붙어 있더군요. "잠을 1시간 더 줄이면 신랑의 직업이 바뀐다!" 어처구니가 없어 웃음이 툭 터져 나오는 말이긴 한데, 여기에도 사실은 경제에 대한 우리의 은밀한 욕망이 숨어 있습니다. 여기에서 말하는 신랑의 직업은 바로 경제적 수입과 관련된 것이니까요. 이렇듯 경제는 여러분의 가장 가까운 곳에서 줄곧 귀신처럼 여러분을 따라다닙니다.

제가 이제 얘기하려고 하는 『자본』이라는 책은 우리에게 늘 따라다니는 바로 이 경제 문제를 주제로 하는 책입니다. 경제 문제와 관련된 책이라고 하니 벌써 복잡한 수식이 떠올라 머리가 지끈지끈 아파 오는 분도 있을 테고, 어쩌면 '재테크'*를 곧장 떠올리는 분도 있을지 모르겠습니다. 바로 대박의 기적(!) 말입니다. 실제로 저희 경제학과 학생들에게 지원 동기를 물어보면 재테크가 곧 경제학이라고 생각한 학생이 꽤 많답니다. 그러나 『자본』은 여러분이 예상하는 그런 책들과는 전혀 다른 책입니다. 머리를 지끈지끈 아프게 만드는 책도, 재테크에 관한 책도 아닙니다.

『자본』의 유명세

먼저, 이 책이 아주 유명한 책이라는 점부터 말씀드려야 할 것 같습니다. 지금 우리가 사는 세기를 21세기라고 하지요? 20세기가 끝나던 지난 1999년 새로운 세기의 시작을 앞두고 많은 행

---

* 돈을 굴려서 불리는 방법을 가리키는 말로, '재무 테크놀로지'를 줄인 말입니다.

사가 열렸습니다. 세계 최고의 공영 방송으로 손꼽히는 영국의 BBC 방송에서도 청취자들을 대상으로 설문 조사를 실시했답니다. "지난 천 년 동안 인류에게 가장 큰 영향을 끼친 사람이 누구라고 생각합니까?"라는 물음이었죠. 그런데 이 설문 조사에서 단연 1위를 차지한 사람은 카를 마르크스라는 독일 사람이었고, 이 사람이 1위를 한 까닭은 바로 그가 쓴 책 『자본』 때문이었답니다.

『자본』의 영향력을 보여 주는 아주 가까운 예로 이 책이 주역, 성경과 함께 지구상에서 가장 많이 읽혔다는 점이 얘기되곤 합니다. 주역은 이미 3천 년 전에 만들어진 책이고, 성경 또한 2천 년 전에 쓰였습니다. 그에 반해 『자본』은 1867년에 출판되어 겨우 150여 년이 되었을 뿐입니다. 이것만으로도 『자본』의 위력을 충분히 짐작할 수 있겠지요?

『자본』이 그처럼 중요한 책이 된 까닭은 지난 20세기 동안 인류가 모든 영역에 걸쳐 이 책의 영향에서 벗어날 수 없었기 때문입니다. 실제로 정치와 경제, 그리고 문화와 사상이 모두 이 책을 찬성하거나 반대하는 입장에 서야만 했습니다. 말하자면 이 책을 중심으로 인류 전체가 두 편으로 갈라져 있던 셈이지요.

판도라의 상자

그런데 여러분, 문득 이런 의문이 떠오르지 않습니까? 아니, 그렇게 중요하고 유명한 데다 무엇보다 그렇게 많이 팔린 책을 왜

『자본』 한국판 표지

1987년 우리나라에서 처음 번역 출판된 『자본』 1권의 표지. 당시 정치 상황
때문에 번역자의 이름을 밝히지 않고 김영민이라는 가명을 썼다.

나는 아직 제목조차 들어 보지 못했을까? 혹시 이 책에 관한 얘기를 들어 본 분들도 이 책을 직접 본 적은 별로 없지요? 실제로 이 책은 우리 눈에 쉽게 띄지 않습니다. 우리나라에서는 오랫동안 이 책을 보는 것이 금지되어 있었고, 1987년에야 겨우 번역되어 시중에 나왔기 때문이랍니다.

아, 참! 책 보는 것을 금지한다는 말을 여러분이 잘 모를 수 있겠군요. 1990년대 이전까지만 해도 우리나라는 군인들이 총으로 나라를 통치했는데, 이 시기에는 출판물을 정부가 엄격하게 검열하여 금지 도서를 지정했답니다. 물론 금지 도서는 시중에서 판매할 수 없었지요. 한국에서 번역 출판된 『자본』도 바로 그런 금지 도서로 지정되었고, 출판되자마자 바로 검사가 고소하여 출판사 대표와 편집부장이 재판을 받았답니다. 그러나 다행히 재판에서 무죄 판결을 받아 그때부터 비로소 판매할 수 있었지요.

저는 참으로 우연하게도(!) 이 책을 우리나라에서 처음 번역 소개하는 데에 참여했고, 그것이 인연이 되어 지금 여러분에게 이 책을 소개하는 사람이 되었답니다. 어쨌든 우리나라에서는 이 책이 대중적으로 소개된 지 겨우 20여 년밖에 안 되는 것입니다. 게다가 별로 많이 판매되지도 않았습니다. 경제 원리를 알려 주는 책이나 재테크에 관한 책은 대개 베스트셀러의 자리를 두고 다투는 터라 서점 어디에서나 쉽게 찾아볼 수 있을 만큼 넘쳐납니다. 그렇지만 이 책은 별로 팔리지 않는 탓에 서가

〈해방자〉

르네 마그리트, 1947년

해방자 뒤로 커다란 문들과 물이 흐르는 초원이 있다. 초원을 지나 문으로 들어가면 해방된 세계가 펼쳐질 것이다. 그곳으로 가려면 해방자를 만나 수수께끼를 풀어야 한다. 우리가 만날 해방자는 마르크스의 『자본』이다!

의 구석진 곳에 자리를 잡고 있답니다.

세계적으로 그렇게 유명하고 많이 읽힌 책이 우리나라에서는 널리 알려지지 않은 까닭은 어쩌면 이 책의 내용과 관련이 있을지도 모릅니다. 이 책은 마치 뚜껑을 열면 안 되는 판도라의 상자와 같습니다. 도대체 그 속에 어떤 내용이 담겨 있어서 그랬을까요?

바로 진실이랍니다. 하지 말라고 하면 더 하고 싶고, 못 보게 감추면 더 보고 싶은 것이 인간의 호기심 아닙니까? 더구나 감추어진 그것이 진실이라면 말입니다. 판도라의 상자는 언젠가 열리기 마련입니다.

여러분! 이제부터 제가 말씀 드리는 것은 세계적으로 그렇게 많은 사람들이 읽었고 그래서 역사적으로 그렇게 중요한 책인데도, 유독 우리나라에서만 오랫동안 금기시되어 오던 책에 관한 것입니다. 이제 그 상자를 열어 보도록 하겠습니다.

『자본』의 출생 **1**

마르크스의 출생과 성장

아, 그런데 너무 서두르진 맙시다. 뚜껑을 열기 전에 먼저 해야 할 일이 있군요. 새로 구입한 스마트폰을 당장 사용하고 싶어도 일단 설명서는 읽어 봐야 하지 않겠습니까. 『자본』의 뚜껑을 열어 보기 전에 먼저 이 책을 쓴 사람이 누군지, 어떻게 이 책을 쓰게 된 것인지 정도는 알아야 하지 않을까요.

마르크스는 1818년 독일의 트리어(Trier)라는 곳에서 태어났습니다. 집안은 유대인이었고, 아버지의 직업은 변호사였습니다. 그가 유대인이라는 것과 『자본』이라는 책 사이에는 아무 연관이 없습니다. 그러니 혹시라도 유대인에 대한 선입견이 있으면 이 책과는 결부시키지 말기를 바랍니다. 아무튼 당시에도 변호사는 비교적 수입이 괜찮았고, 따라서 집안 형편은 넉넉한 편이었습니다.

마르크스가 태어난 집은 트리어 시내 한복판에 있습니다. 2

차 세계 대전이 끝난 뒤 독일의 노동자 정당인 사회민주당이 건물 주인에게서 사들여 직접 관리하고 있습니다. 트리어 시내에서 마르크스의 집을 찾아가는 것은 안내판이 잘 마련되어 있어 별로 어렵지 않습니다. 여러분이 혹시 독일을 여행할 기회가 있으면 한번 들러 봐도 좋습니다. 트리어는 마르크스의 생가로도 유명하지만 로마가 건설한 도시로서 로마 시대의 성문과 목욕탕, 원형 경기장 같은 유적지가 남아 있습니다. 또 우리나라의 포도주 마주앙 광고에도 나오는 모젤(Mosel) 강변의 아름다운 도시로 중요한 포도주 산지이기도 하답니다.

마르크스의 출생은 평범했고 성장 과정도 여느 청소년들과 견주어 별로 특별한 것이 없었습니다. 태어날 때 하늘에서 집 위로 별이 떨어졌다거나 고등학교 때 수학 경시대회에서 전국 1등을 했다든가 하는 그런 일은 없었습니다. 고교 시절 이웃에 사는 연상의 처녀와 연애를 했다는 정도가 있지만, 그것 때문에 그가 대단한 영감(!)을 얻어 『자본』이라는 중요한 책을 쓰게 되었다고는 할 수 없겠지요.

대학은 집에서 가까운 본(Bonn) 대학으로 진학했다가 나중에 베를린 대학으로 옮겼습니다. 참고로, 독일은 모든 대학이 하나의 대학처럼 통합적으로 운영되기 때문에 학생들은 여러 대학을 옮겨 다니며 공부할 수 있고 필요한 요건을 갖추면 졸업하게 됩니다. 베를린의 대학 생활도 특별한 것은 없었습니다. 몸이 약한 편이어서 건강을 위해 일부러 대학과 조금 떨어진 곳에

하숙을 구해 먼 거리를 걸어 다녔다는 점과, 토론 모임이던 진보적인 동아리에 가입했던 것 정도가 눈에 띄지요.

대학을 졸업한 뒤 마르크스는 대학 교수가 되고자 했습니다. 그런데 대학 시절 동아리 활동을 하면서 쓴 사회 비판성 글들이 문제가 되었습니다. 그 무렵 독일은 군인들이 통치하던 군국주의 국가로, 언론을 검열하는 것은 물론 정부에 대한 비판에 매우 민감하게 반응해 탄압을 자행했답니다. 겨우 대학생이었는데도 그는 독일 정부로부터 반체제 인사로 찍히는 바람에 대학 교수가 될 수 없었습니다. 독일의 대학은 모두 국립이고 대학 교수는 국가가 임명하는 공무원이거든요.

망명에서 만난 운명

인생이란 우리의 기대를 참으로 얼마나 엉뚱하게 배반하는 것인지요? 대학 교수를 희망하던 청년 마르크스는 어쩔 수 없이 자신의 바람과는 달리 쾰른이라는 도시에서 신라인신문이라는 비판적인 신문의 편집장으로 일하게 됩니다. 그의 글은 독일 정부의 심기를 계속 건드렸고, 마침내 신라인신문은 문을 닫고 말았습니다.

졸지에 백수가 된 마르크스는 독일 정부의 손길이 미치지 않는 프랑스 파리로 거처를 옮겨 언론 활동을 계속했습니다. 그러자 독일 정부는 다시 프랑스 정부에 압력을 넣어 그를 쫓아내게 했습니다. 1844년 파리에서 추방당한 그는 이후 1849년 영국 런

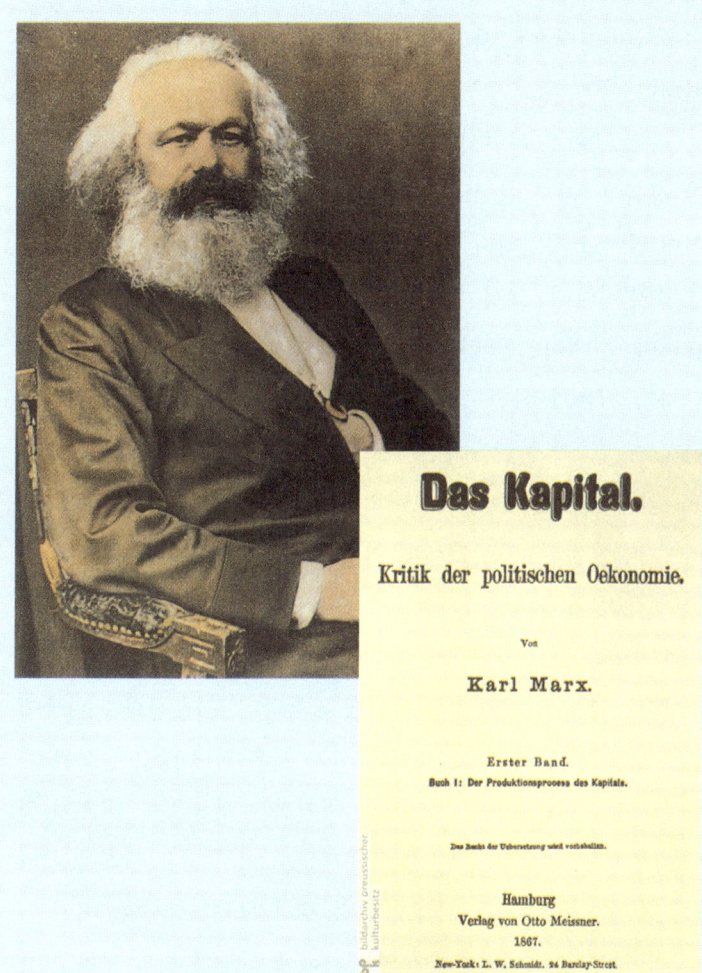

카를 마르크스(1818~1883)와 『자본』

마르크스는 독일의 철학자로 『공산당 선언』, 『철학의 빈곤』,
『자본』 등 여러 저서를 남겼다. 『자본』은 그의 대표작이다.

던에서 마지막으로 자리를 잡을 때까지 유럽 여기저기를 떠돌게 됩니다.

유랑 생활을 하면서 그는 역사적인 사건을 경험하게 되는데, 그 경험이 『자본』을 쓰는 직접적인 계기가 됩니다. 1848년에 혁명이 일어난 것입니다.

혁명이라니, 그것이 무엇일까요? 그것은 마치 이런 것과 같습니다. 시내버스를 타고 가는데 갑자기 버스가 크게 흔들리고 갑자기 서는가 하면 심지어 중앙선을 넘기도 하는 겁니다. 당연히 승객들이 불안해하면서 도대체 왜 그러는지 궁금해하겠지요. 앞쪽에 앉은 승객이 보니 기사가 휴대 전화로 통화를 하느라 그러는 것입니다. 그런데 기사가 휴대 전화를 얼른 끊지 않고 통화를 계속하면서 무슨 언쟁이라도 벌이는지 운전이 더욱 거칠어지는 것이 아니겠습니까.

결국 앞 좌석 승객이 기사에게 위험하니 휴대 전화를 나중에 받으라고 얘기합니다. 그런데 기사는 들은 척도 않고 통화를 계속합니다. 앞쪽 승객이 기사에게 얘기하는 것을 듣고 버스가 위태로워진 이유를 알게 된 다른 승객들도 역시 같은 지적을 합니다. 그런데 이 요구를 기사가 계속 무시한다고 합시다. 어떤 일이 벌어지겠습니까? 승객들은 기사에게 버스를 세워 달라고 요구하며 버스에서 내리려 할 것입니다. 그렇게 위험한 버스를 계속 타고 가기는 곤란한 일 아니겠습니까. 참다못한 승객들이 결국 버스에서 내리기 위해 기사에게 버스를 세워 달라고 요구하는 것, 그것이 바로 혁명입니다.

한 사회에서 그 사회를 이끌고 가는 권력층이 다수 대중의 바람과 반대되는 방향으로 계속 나갈 때, 다수 대중이 참다 참다 못해 드디어 그 소수의 권력자들에게 버스를 세우라고 직접 요구하는 것이 바로 혁명입니다.

이와 비슷한 일을 최근 우리 사회에서도 본 적이 있지요? 2008년, 광우병 위험이 있는 미국산 쇠고기 수입을 반대하며 이루어진 촛불 집회가 바로 그런 것입니다. 그때 정부는 미국산 쇠고기를 수입하려고 했지만, 시민들은 그것을 바라지 않았습니다. 그래서 날마다 서울 광화문 광장에 모여 항의를 한 것이지요. 물론 이런 다수 대중의 요구는 우리의 촛불 집회처럼 평화적으로 이루어지기도 하고 폭력적으로 이루어지기도 합니다.

1848년 마르크스가 겪은 혁명은 2월에 프랑스에서 시작해 런던, 빈, 베를린, 프라하, 밀라노 등지로 삽시간에 번지면서 유럽 전역을 휩쓸었습니다. 혁명에 실린 대중의 요구는 단순하고 절박한 것이었습니다. 아무리 열심히 일해도 끔찍한 가난에서 벗어날 수 없었기 때문에 일을 해서 먹고살 수 있도록 해 달라는 것이었습니다. 혁명에 참가한 대중의 열정은 대단한 것이어서, 이들을 진압하기 위해 투입된 정부군을 몰아내고 도시 전체를 점령하는 사태가 곳곳에서 일어났습니다. 마르크스는 혁명의 힘이 얼마나 대단한지를 경험합니다.

그런데 기막힌 일이 벌어졌습니다. 이 엄청난 혁명의 물결은

1년도 못 가서 순식간에 진압되었습니다. 게다가 언제 혁명이 있었냐는 듯 세상은 마치 썰물이 빠지는 것처럼 멀찌감치 뒷걸음치고 말았습니다. 혁명 대열에서 대중이 요구한 것은 참담하게 짓밟히고 무시당했으며, 오히려 세상은 대중의 요구와는 반대 방향으로 가 버렸던 것입니다. 혁명의 폭발적인 힘과 그 실패를 모두 지켜본 마르크스는 1849년 그의 마지막 망명지인 런던으로 떠납니다.

런던으로 가는 배 위에서 마르크스는 두 가지 의문을 품었습니다. 첫째, 혁명의 엄청난 힘을 이끌어 낸 원천은 무엇이었을까? 둘째, 다수 대중이 원하던 혁명은 왜 실패하고 말았을까? 이 두 가지 의문이 그의 머리를 가득 채웠고, 이는 결국 『자본』을 낳는 힘이 되었습니다. 마르크스는 런던에 도착하자마자 곧바로 당시 세계에서 가장 큰 규모를 자랑하던 대영박물관 부속 도서관에서 아침부터 저녁까지 열심히 공부했고(우리가 하기 싫어하는 그 공부와는 다른 공부였겠지요?), 그 결과는 거의 20년 만에 『자본』이라는 책으로 열매를 맺게 됩니다.

이제 살펴보게 될 『자본』은 혁명이 일어나는 까닭과 그 실패의 원인을 찾아낸 책입니다. 판도라의 상자에서 모습을 드러낼 진실은 바로 이 두 가지 물음에 대한 답을 안고 있을 것입니다. 그리고 그것은 모두 경제 문제와 관련된 것이랍니다.

자, 그러면 이제 『자본』의 뚜껑을 열어 보기로 할까요?

열심히 일하면 가난해진다? 2

책을 펼치면 먼저 눈에 들어오는 것은 책의 저자가 독자들에게 자신의 책을 직접 소개하는 서문입니다. 제가 학생들을 오랫동안 가르치면서 알게 된 사실인데, 많은 학생들이 책의 서문을 제대로 읽지 않는 경향이 있더군요. 그런데 여러분, 책을 쓰는 저자들은 대개 서문에서 자신의 책을 읽어 나가는 데 아주 중요한 단서들을 얘기하는 경우가 많습니다. 숨은 뒷이야기라든가 자신이 책을 쓰게 된 동기, 책 전체에서 얘기하려는 핵심 같은 것들 말입니다. "시작이 반"이라는 말이 여기에도 해당합니다. 서문을 잘 살펴보면 그 책의 내용을 거의 절반(?)은 이해한 셈이 됩니다. 『자본』의 경우도 마찬가지입니다.

앞서 『자본』이 인류에게 가장 큰 영향을 끼쳤다고 손꼽히는 책이라고 했지요. 그것은 『자본』을 둘러싸고 많은 논란이 있었다는 것을 뜻하기도 합니다. 이 책의 서문은 바로 이 논란의 단서가 되는 부분을 여럿 담고 있답니다. 여기에서는 그 복잡한 논란에는 개입하지 않고 여러분이 이 책을 이해하는 데 도움이 될 구절 하나만 살펴보겠습니다. 마르크스는 자신의 책에서 무엇을 다룰 것인지 다음과 같이 요약해서 말합니다.

> 내가 이 책에서 연구해야 하는 대상은 자본주의적 생산양식과 그 양식에 상응하는 생산관계, 그리고 교환관계이다.(1권, 45쪽)

어려운 용어가 나오지만, 아직은 이 용어들에 골머리를 앓을 필요는 없습니다. 앞으로 차분히 설명해 드리겠습니다. (이 책을 따라가다 보면 어느 순간 이 내용을 이해하게 된 자신을 보게 될 겁니다.) 다만 여기서는 자본주의라는 독특한 경제 제도가 오늘날 우리의 삶을 규정한다는 점만 기억해 두세요.

앞에 인용한 구절은 영국으로 건너가는 뱃전에서 마르크스의 머릿속을 가득 채웠던 두 가지 의문 가운데 첫 번째 것과 관련이 있습니다. 즉 마르크스는 유럽의 대중이 모두 버스에서 내리려 한 이유가 이들이 맞닥뜨린 '경제 문제의 수수께끼'와 직접 연결된 것이라고 생각했으며, 그 수수께끼를 풀 단서를 여기에서 말하고 있는 것이랍니다. 경제 문제의 수수께끼라니, 그것이 무엇일까요?

경제 문제의 수수께끼

해병대에 들어가 화제가 되었던 탤런트 현빈의 주가를 잔뜩 끌어올린 인기 드라마 '시크릿 가든'이 있었지요? 여러분은 아마 열심히(!) 공부하느라 드라마를 제대로 못 봤겠지만 그래도 주변에서 얘기는 좀 들었을 것입니다. 이 드라마의 주인공은 대한민국 최상류층인 김주원과 옥탑방에서 '찌질하게' 사는 스턴트우먼 길라임입니다. 이 두 사람의 경제 상태를 가만히 비교해 보면 우리가 지금 얘기하고자 하는 경제 문제가 무엇인지 알 수 있습니다.

두 사람의 경제 상태를 볼까요? 길라임은 몸을 다치는 것도 마다하지 않으면서 열심히 일합니다. 그렇지만 그녀의 생활은 옥탑방 신세를 면치 못합니다. 반면 김주원은 어쩌다 가끔씩 사무실에 들러 일을 하는 둥 마는 둥 하는데도 엄청나게 넓은 집에서 외제 승용차와 명품 트레이닝복에 파묻혀 삽니다. 두 사람의 차이점은 한 사람은 열심히 일한다는 것이고, 다른 한 사람은 그러지 않는다는 것입니다. 좀 이상하지 않습니까?

여러분, 우리가 누리는 모든 부는 사람의 노동이 들어가지 않으면 만들어질 수가 없습니다. 좋은 집, 좋은 차, 그리고 김주원이 애지중지하던 그 명품 트레이닝복도 모두 김주원의 말을 빌린다면 "평생의 숙련을 쌓은 뛰어난 장인이 한 땀 한 땀 정성을 쏟아 만든" 것입니다. 그런데 막상 이런 부를 만들어 내는 사람들, 즉 일하는 사람은 가난한 데 반해 잘사는 사람은 그다지 열심히 일하는 것 같지 않습니다. 더구나 이것은 드라마 속에만 있는 이야기가 아닙니다. 우리가 주변에서 쉽게 확인할 수 있는 현실이 아닌가요.

그 현실을 실제로 확인시켜 준 사례가 있습니다. 어느 일간지의 사회부 기자가 우리나라 최고의 부자 동네로 알려진 서울 강남의 어떤 호화 빌라에 사는 사람들의 직업을 조사한 적이 있었답니다. 조사 결과, 이 빌라에 거주하는 150여 가구 가운데 직업이 확인된 사람은 40가구밖에 안 되고 나머지 100여 가구는 직업이 확인되지 않는 이른바 백수(즉 실업자)들이었습니다. 반면 비슷한 시기에 이루어진 한국개발연구원의 조사에 따르면 서울의 달동네 가구 가운데 48퍼센트가 맞벌이 부부였습니다. 즉 가장이 혼자 일하는 것으로는 모자라 부부가 모두 일을 하고 있던 것입니다.[*]

자, 문제의 실체는 바로 이것입니다. 일하는 사람은 가난하고 일하지 않는 사람이 오히려 부자입니다. 도대체 어떻게 된 영문일까요? 일을 열심히 하면 가난해지다니요? 이것은 하도 흔한 일이라서, 일을 하는데도 가난한 상태에 머무르는 것을 '노동 빈곤'(working poor)이라고 부르기도 합니다. 어쨌든 이것은 우리의 상식을 배반하는 얘기 아닌가요?

* 강신준(1994), 『자본의 이해』, 이론과실천, 60~61쪽.

〈근면과 게으름〉

윌리엄 호가스, 1747년, 연작 가운데 첫 번째 그림

부지런히 일하는 노동자(오른쪽)와 게으른 노동자(왼쪽)가 대비되고 있다.
이어지는 연작에서 게으른 자는 일터에서 쫓겨나 범죄자가 되고, 근면한 자는
사장의 딸과 결혼해 런던 시장이 된다. 이 그림은 근면하면 성공해서
잘살 수 있다고 가르친다. 그런데, 우리 현실도 정말 그러한가?

개미와 베짱이의 뒤집힌 현실

우리가 경제와 관련해서 가장 흔하게 듣는 우화는 바로 '개미와 베짱이'입니다. 열심히 일하면 잘살게 되고 게으름을 피우면 가난해진다는 것이지요. 아주 당연한 원인과 결과로 받아들여져서, 여러분이 지긋지긋해하는 공부에도 그대로 적용되어 자주 듣는 얘기 아닙니까? "너, 개미처럼 열심히 공부하면 나중에 인생이 필 거고, 베짱이처럼 땡땡이치다간 나중에 인생 망친다!"라는 바로 그 협박 비슷한 얘기 말입니다.

그런데 너무도 당연해 보이는 이 우화가 현실에서는 정반대로 나타납니다. 왜 그럴까요? 원래부터 그랬던 것일까요, 아니면 언제부터인가 그렇게 된 것일까요? 앞서 인용한『자본』의 서문에 나오는 '자본주의 생산양식'이라는 말에서 해답을 찾아볼 수 있습니다. 우리 상식에 따르면 개미가 잘살고 베짱이가 가난해야 하는데, 자본주의 사회가 되면서 이 상식이 뒤집어진 것입니다.

상식을 배반하는 이 현상을 어떻게 받아들여야 할까요? 열심히 일하는데도 가난에서 벗어날 수 없는 개미들은 너무 억울합니다. 자본주의 사회에서는 일하는 사람을 노동자, 이들을 부리면서 자신은 일하지 않는 사람을 자본가라고 부릅니다. 우리는 이들을 간단히 개미와 베짱이라고 부르도록 합시다.

그런데, 개미들이 억울하다니까 생각나는 일이 있습니다. 2011년 부산에서 배를 만드는 기업인 한진중공업이 노동자들을 대량으로 해고하는 일이 발생했습니다. 그래서 이에 반발하는 노동자들 가운데 일부가 회사 안에 있는 크레인에서 농성을 시작했습니다. 그러자 이들을 응원하기 위해 전국에서 조직된 희망버스*가 여러 차례 가면서 사회적으로 큰 관심을 불러일으켰습니다.

사태가 장기화되자 여러 언론에서 이 문제를 특집으로 다루게 되었습니다. KBS '추적 60분'에서 해고된 노동자 한 분을 인터뷰했는데, 이분이 그러시는 겁니다. 자기는 회사에서 시키는 대로 열심히 일한 것 외에는 무엇을 잘못했는지 통 모르겠다는 것입니다. 그런데 해고를 당한 겁니다. 심경을 묻는 피디에게 이분이 눈물을 훔치면서 그러셨습니다. "억울합니다. 정말 억울합니다."

방송을 보고 나서 한참 동안 가슴이 무너지는 듯한 느낌이 들었습니다. 이분을 해고하면서 한진중공업의 사주 가족들(이들은 베짱이에 해당합니다)은 배당**도 챙기고 자신들의 급여도 인상했답니다. 자기들 돈은 더 챙겨 갔던 것입니다. 그러니 이분은 억울할 수밖에요.

이처럼 자본주의라는 경제 구조에서 개미들은 가난에만 시

* 해고를 당해 절망에 빠진 한진중공업 노동자들에게 희망을 안겨 주려고 응원하는 사람들이 타고 간 버스를 가리키는 말입니다.
** 회사가 한 해 동안 벌어들인 이익 가운데 그 회사의 주식을 가진 사람들에게 나누어 주는 몫을 가리키는 말입니다.

한진중공업의 크레인

2011년 한진중공업의 대규모 해고에 항의해 김진숙 씨가 크레인 위에 올라가
농성했다. 이 일을 계기로 한진중공업의 부당 해고가 널리 알려졌으며,
해고자들을 돕기 위해 전국에서 희망버스가 다녀오기도 했다.

달리는 것이 아닙니다. 언제든지 해고당할 수 있다는 고용 불안에도 시달립니다. 더구나 해고는 가난보다 훨씬 더 무서운 생계의 벼랑 끝 아닙니까? 그저 열심히 일한 것 말고는 한 일이 없는데도 말입니다.

혁명도 이러한 이유 때문에 터진 것입니다. 노동하는 자신들을 가난하게 만들고 고용 불안에 시달리게 하는 자본주의라는 버스에서 모두 내리려고 했던 것이지요.

마르크스가 영국으로 가는 뱃전에서 품었던 의문 가운데 하나는 바로 개미와 베짱이의 운명을 결정지은 자본주의와 관련된 것이었습니다. 마르크스는 수수께끼처럼 뒤바뀐 이 둘의 운명이 어떻게 시작해서 계속 작동하게 된 것인지 해명하려고 했습니다. 그러면 마르크스가 이 수수께끼를 어떻게 풀었는지 그의 얘기를 따라가 볼까요.

뒤집힌 운명의 열쇠, 교환 3

『자본』의 첫걸음, 상품

이제 본문으로 들어가야 하는데, 이쯤에서 제가 여러분에게 미리 고백할 사실이 하나 있습니다. 그것은 『자본』이 몹시 두꺼운 책이라는 점입니다. 조금 두꺼운 정도가 아닙니다. 제가 한글로 번역한 책을 기준으로 보면 모두 3천 쪽이 훨씬 넘습니다. 너무 두꺼워서 도저히 한 권으로는 묶을 수 없기 때문에 5권으로 나누어 펴냈습니다. 부피만 보면 솔직히 좀 질립니다. "이 두꺼운 책을 어떻게 다 읽어?" 하는 절망감이 앞섭니다.

그러나 여러분, 조금도 겁먹을 필요 없습니다. 이 책의 구조는 매우 질서정연하게 짜여 있어서, 첫걸음만 잘 내디디면 그다음에는 마치 에스컬레이터를 타고 가듯 저절로 책의 끝까지 다다를 수 있게 되어 있답니다. 그 첫걸음은 바로 이렇게 시작됩니다.

자본주의적 생산양식이 지배하는 사회에서 부는 하나의 '거대한 상품 집적'으로 나타나고, 하나하나의 상품은 이런 부의 기본 형태로 나타난다. 그래서 우리의 연구는 상품의 분석부터 시작한다.(1권, 87쪽)

말이 좀 어려워 보이지요? 마르크스가 옛날 사람인 데다 독일 사람들 말투가 원래 지나칠 정도로 진지한 면이 있어서 그렇답니다. 제가 계속 풀어서 설명해 드릴 테니 긴장하지 말기를 바랍니다.

앞 장에서 우리가 인용한 서문을 보면, 마르크스가 자본주의를 분석하겠다고 하면서 넛붙여 놓은 말이 있습니다. 바로 '생산관계'와 '교환관계'라는 말이 그것입니다. 자본주의를 구성하는 가장 중요한 요소가 바로 이 두 관계이고, 이들 관계가 자본주의를 분석해 나가는 데 핵심 단서라는 것을 뜻합니다. 그런데 이 두 가지 관계가 가장 잘 결합해 있는 것이 바로 '상품'입니다. 상품이 자본주의 분석의 출발점을 이루는 까닭은 그 때문입니다.

자, 그러면 상품을 통해 첫걸음을 떼어 보도록 할까요.

생산과 소비가 일치한 자본주의 이전 사회

마르크스가 자본주의를 분석하는 이유는 개미와 베짱이의 운명이 우리의 상식과는 달리 뒤집혔기 때문입니다. 자본주의가 되면서 과연 어떤 변화가 일어났기에 이들의 운명이 뒤바뀐 것일까요? 먼저 오른쪽 사진을 한번 봅시다.

자본주의가 되기 전에는 대부분의 사람들이 사진과 같은 농촌에서 살았습니다. 전체 인구 비중으로 보면 95퍼센트 이상이 농촌에 살았고, 도시에는 5퍼센트도 채 안 되는 사람들만 살았답니다. 그래서 옛날에는 해가 지고 나면 농촌 마을은 논밭에서 일을 마치고 돌아온 사람들로 시끌벅적했지만, 도시는 사람의 그림자조차 찾기 어려운 한산하고 쓸쓸한 곳이었지요. 오늘날과는 정반대여서 상상하기 어렵겠지만 사실이랍니다.

이 농촌 마을의 구조를 살펴봅시다. 마을 앞으로는 논과 밭이 펼쳐져 있고 마을 뒤쪽으로는 산이나 강이 마을을 포근하게 감싸고 있습니다. 논과 밭에서 생산된 쌀과 채소는 마을로 운반됩니다. 그런데 쌀과 채소가 운반되는 길을 따라가 보면, 일단 마을로 들어간 뒤에는 모든 길이 끊어져 버립니다. 길은 마을을 종점으로 끝나 버리고 더는 다른 곳으로 이어지지 않습니다.

그렇습니다. 농촌 마을은 다른 곳과 분리되어 폐쇄된 구조를 이룹니다. 그래서 자본주의 이전에는 마을 앞 논밭에서 생산된 물건들이 모두 마을로 옮겨져 소비되고 다른 곳으로는 거의 흘러 나가지 않았습니다. 마을 사람들은 모두 농민들로 농사를 지었으며, 자신들이 소비할 물건들을 직접 생산했습니다. 먹을거리는 논밭에서, 입을 거리는 밭에서 재배한 면화나 삼으로 직접 옷감을 짜서 조달했습니다. 그리고 집은 나무와 흙으로 벽을 세

안동 하회마을

전통 마을의 전형적인 풍경이다. 마을로 가는 길은 하나뿐이다.
바깥세상과의 교통이 그다지 중요하지 않았던 자급자족 경제 구조가 반영된
것이다. 자본주의 이전에는 대부분의 사람들이 이런 마을에서 살았다.

운 뒤, 쌀을 수확하고 나면 나오는 볏짚을 이어서 지붕을 갈무리했습니다.

이런 경제 구조에서는 생산과 소비가 같은 장소에서 이루어지며, 그것을 생산하는 사람이 곧 소비하는 사람입니다. 생산과 소비가 일치하는 것이지요. 이것을 우리는 '자급자족 경제'라고 합니다. 이 경제 구조에서는 내가 소비하는 것이 바로 내가 생산한 것이기 때문에, 내가 가난하다면 그 이유는 내가 적게 생산했기 때문입니다. 반면 내가 생산을 많이 했다면 나는 여유로운 생활을 누릴 수 있을 것입니다. 즉 내가 베짱이처럼 땡땡이나 치면 가난해지고 개미처럼 열심히 일하면 풍족한 삶을 누릴 수 있는 것입니다.

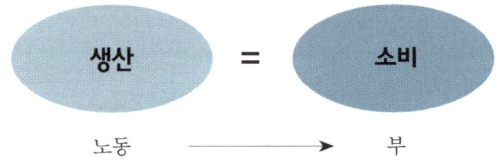

이 시기에는 원칙적으로 개미와 베짱이의 우화가 우리의 상식과 일치했고, 그래서 그런 우화도 만들어진 것입니다.

변화의 계기는 생산 부족

그러다가 이런 경제 구조에 변화가 옵니다. 그 변화는 유럽에서 일어났습니다. 변화의 계기는 생산과 소비가 일치하지 않게 된

〈건초 만들기〉

피터르 브뤼헐, 1565년경, 부분

자급자족 경제에서는 스스로 일한 만큼 누릴 수 있다. 이 그림에는
자급자족적인 삶의 기쁨과 활력이 잘 나타나 있다. 시골 풍경을 배경으로
농기구를 든 여인 세 명이 성큼성큼 활기차게 걸어가고, 저 아래쪽에는
건초를 만드는 사람들이 평화로워 보인다.

것이었습니다. 즉 생산이 소비보다 부족해진 것입니다. 생산이 부족해진 이유는 크게 두 가지였습니다.

하나는 장기간의 전쟁이었습니다. 유럽 전역은 11세기부터 13세기까지 약 200년 동안 십자군 전쟁이라는 큰 전쟁을 치렀습니다. 이 전쟁에는 더할 수 없을 만큼 많은 전쟁 물자가 들어갔습니다. 그러나 전쟁은 참담한 실패로 끝났습니다. 전쟁에 쏟아부은 물자들은 속절없이 낭비되었고, 유럽은 낭비된 물자만큼 경제적인 궁핍에 내몰렸습니다. 게다가 곧이어 14세기부터 15세기까지 100년 동안 프랑스와 영국 사이에 전쟁이 벌어졌습니다. 이른바 100년 전쟁이라는 것입니다. 이 전쟁이 유럽의 안방이던 프랑스 영토에서 벌어지는 바람에 프랑스의 농업 지역은 큰 피해를 입습니다.

이게 끝이 아닙니다. 전쟁의 상처가 채 아물기도 전에 또 하나의 불행이 유럽을 덮칩니다. 1347년 이탈리아 남부를 거쳐 상륙한 페스트(흑사병이라고도 하지요)가 4년 동안이나 유럽 전역을 휩쓸면서 당시 유럽 인구 7,500만 명의 약 3분의 1에 해당하는 2,400만 명의 목숨을 앗아갔습니다. 농업 생산을 담당해야 할 노동력이 급격히 줄고 농토가 모두 황폐해지고 말았습니다. 그 참상은 오늘날까지 유럽 사람들의 기억에 남아, 재앙에 가까운 절망적인 질병을 흔히 현대판 흑사병이라고들 표현합니다. 한때 치료약을 찾을 수 없었던 에이즈가 그렇게 불렸지요.

전쟁과 질병은 유럽의 경제 구조를 무너뜨렸습니다. 생산은 소비에 견주어 턱없이 부족해졌고 굶주림이 유럽 전역을 덮쳤습니다. 부족한 생산을 어디선가 메우지 않으면 모두 굶어죽을 판이었습니다.

그 무렵 지중해의 동쪽 끝인 오늘날의 팔레스타인 지역은 유럽과 종교가 다른 이슬람 국가 셀주크 튀르크가 지배하고 있었습니다. 유럽 사람들은 그곳을 경계로 서쪽 지역에 갇혀 있었습니다. 그들은 지중해 지역만이 세계의 전부인 양 알고 있었습니다.

교환이라는 탈출구

어디로든 탈출할 구멍이 필요했습니다. 그러나 유럽 어디에도 탈출구는 없었습니다. 절체절명의 위기, 어떻게 하면 좋을까요?

마침 기적이 일어났습니다. 암흑 속에 갇혀 절망에 빠진 유럽 사람들에게 한 줄기 빛이 비쳤습니다. 기적은 시간을 조금 거슬러 올라간 곳에서 시작됩니다. 그 기적의 빛줄기는 십자군 전쟁이 막바지에 접어든 1271년 고향 베네치아를 떠났다가 24년 만인 1295년에 돌아온 한 사나이가 남긴 여행기였습니다. 오늘날 『동방견문록』이라고 알려진 바로 그 책입니다.

『동방견문록』의 저자 마르코 폴로는 이 여행기에서 유럽 사람들이 세상의 끝이라고 알고 있던 지중해 서안에서 한참을 더 동쪽으로 나아가 "우리(물론 유럽 사람을 가리킵니다)의 최초 조상인 아담부터 지금 이 순간에 이르기까지 세상에 나타난 어떤 사람보다도 많은 백성과 지역과 재화를 소유한 가장 막강한 사

마르코 폴로 일행을 맞이하는 쿠빌라이 칸
마르코 폴로 일행(오른쪽)이 쿠빌라이 칸(왼쪽)에게
예루살렘 성전의 등불 기름과 교황의 서한을 전하는 장면을 묘사한 그림이다.
지중해 주변이 세상의 전부라고 생각했던 당시 유럽 사람들에게
마르코 폴로가 다녀온 '동쪽 세상'은 커다란 충격으로 다가왔다.

람"*을 만나고 돌아왔다고 주장했습니다. 그는 '칸'이라고 불리는 막강한 사람이 다스리는 그 넓은 세상이 금은보화와 물산이 넘쳐나고 말 그대로 젖과 꿀이 흐르는 곳이라고 묘사했습니다. 그가 만난 사람은 몽골 제국의 쿠빌라이 칸이었으며, 그가 얘기한 풍요로운 세상은 인도에서 중국에 이르는 광대한 아시아 대륙이었습니다.

그런데 마르코 폴로의 얘기는 유럽 사람들에게 매우 생소한 것이기도 했지만 위험한 것이기도 했습니다. 당시 유럽을 통치하던 이는 교황이었고, 그가 통치하는 지역은 지중해 지역이 전부였습니다. 그런데 그보다 훨씬 넓은 영토는 물론 더욱 막강한 부와 권력을 가진 이가 지중해 너머에 있다는 사실 자체가 교황의 권위를 치명적으로 훼손하는 것이었습니다. 그래서 이 여행기는 판도라의 상자와 같은 것이었지요. 당연히 우리나라에서 『자본』이 그랬던 것처럼 금지된 책이 되었습니다.

그러나 그때 유럽에서도 금지된 책을 몰래 읽는 사람들이 있었습니다. 그 사람들은 마르코 폴로가 여행한 곳이야말로 경제적 절망에 빠진 유럽을 구해 주리라고 믿게 되었습니다. 금지 따위는 아무 의미가 없었습니다. 당장 절망에 빠진 유럽 사람들에게 부족한 생산을 메울 수 있는 유일한 희망이었으니까요. 부

---

* 마르코 폴로, 김호동 옮김(2000), 『마르코 폴로의 동방견문록』, 사계절출판사, 217~218쪽.

족한 생산을 메울 수 있는 방법은 동방과의 교역이었습니다.

교역을 위해 동방으로 향하는 물결이 일기 시작했습니다. 처음에는 마르코 폴로가 갔던 육로를 따라갔고, 곧이어 더 안전하고 빠른 해상 교역로를 찾았으며, 그러다가 우연히 아메리카 대륙까지 발견하게 되었습니다. 어쨌든 생산과 소비의 균형이 깨진 유럽은 교환을 통해 경제적 돌파구를 열었습니다. 이제는 생산을 해서 곧바로 소비하는 것이 아니라, 생산한 것을 팔아서 소비할 것을 구매하는 구조로 바뀐 것입니다. 자본주의는 이렇게 유럽에서 탄생하게 되었습니다.

자본주의는 교환이 중심이 된 경제 구조

이제 경제 구조는 교환을 중심으로 하는 새로운 형태로 바뀝니다. 오늘날 우리는 이미 자본주의에서 살고 있으니 우리의 경제 구조를 살펴봅시다. 여러분이 입고 있는 옷과 신발, 그리고 여러분이 오늘 점심때 먹은 음식의 재료들은 어디에서 누가 만든 것인지 알 수 있습니까? 여러분은 자신이 쓰는 물건들이 어디에서 누가 만들었는지 알지 못합니다. 왜냐하면 여러분은 그것을 시장에서 구입했을 뿐이고 시장에는 그것을 생산한 사람이 보이지 않기 때문입니다. 말하자면 생산과 소비가 분리되어 있으며, 교환이 이들을 중간에서 연결해 줍니다.

이런 경제 구조에서는 내가 소비하는 것이 내가 생산한 것이 아니며 내가 생산한 것도 내가 직접 소비하는 것이 아니게 됩니다. 그래서 내가 아무리 개미처럼 열심히 일해서 많이 생산해도 내가 풍요로운 소비를 하게 된다는 보장이 없습니다. 또한 내가 베짱이처럼 땡땡이만 쳐도 풍요로운 소비를 누릴 수 있는 가능성이 주어집니다. 마르크스가 경제 문제의 수수께끼를 풀기 위해 자본주의를 분석하겠다고 한 것은 바로 이 때문입니다.

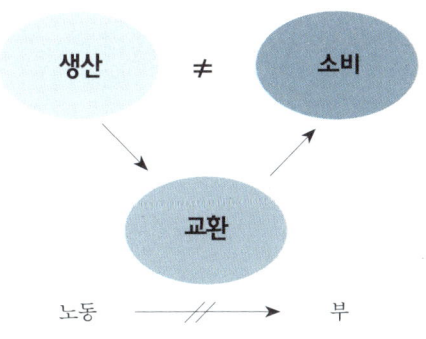

　　물론 옛날에도 교환이 아주 없던 것은 아닙니다. 로마 시대에도 교환이 있었고 우리나라에도 삼국 시대부터 고려 시대, 조선 시대에 이르기까지 교환이 이루어지던 시장이 있었습니다. 그러나 이런 시기에는 전체 경제에서 교환이 차지하는 비율이 미미했습니다. 대부분의 경제생활은 생산과 소비가 일치하는 자급적인 구조에서 이루어졌지요. 그래서 이런 시기는 교환이 존재하긴 해도 자본주의라고 부르지 않습니다. 자본주의는 교환이 확대되면서 경제 전체에서 교환이 차지하는 비중이 절대적으로 커져서 교환이 경제의 중심을 이루는 형태를 가리키는 것입니다.

스미스필드 고기 시장

19세기 영국 런던의 스미스필드 고기 시장의 모습이다.
넓은 벌판에 판매자가 내놓은 소와 돼지가 구획별로 나뉘어 있고,
많은 거래자들이 자신이 원하는 상품을 찾기 위해 분주하게 움직이고 있다.
자발적인 교환은 자본주의의 토대를 이룬다.

자본주의에서는 교환이라는 것이 중요한 요소를 이루고 있기 때문에 생산 형태의 성격도 이제는 '소비하기 위한' 생산이 아니라 '교환하기 위한' 생산으로 바뀌게 됩니다. 그래서 자본주의가 되면 경제 구조는 생산과 교환 모두에서 자본주의 이전과 전혀 달라져 버립니다. 앞서 마르크스가 자본주의를 분석하겠다고 하면서 '생산관계'와 '교환관계'를 분석하겠다고 한 이유가 이 때문입니다. 그리고 이 두 관계를 그대로 반영하는 것이 바로 상품이기 때문에 『자본』을 상품의 분석에서 시작한 것입니다.

　한편, 시장에서 교환을 통해 구입하는 물건은 상품이라고 부릅니다. 반면 교환하지 않고 직접 생산해서 소비하는 물건은 현물이라고 합니다. 생산과 소비가 일치하던 경제 구조에 교환이 개입하면서부터 생산된 물건들은 현물에서 상품으로 바뀌었습니다. 그리고 개미와 베짱이의 운명이 뒤집어질 가능성도 만들어졌습니다. 그런데 이것은 아직 가능성일 뿐입니다. 언제나 저절로 그렇게 되는 것은 아닙니다. 혹시 이것을 잘못 이해해서 나도 부자가 되기 위해 베짱이가 돼야겠다고 생각해 당장 학교를 그만두고 땡땡이에 전념했다가는 큰일 납니다. 텔레비전 프로그램에서 가끔 들었던 경고문이 떠오르는군요. "따라 하지 마세요!"

　그러면 이 가능성은 어떻게 현실이 되는 것일까요? 상품 속에 바로 그 비밀이 숨겨져 있답니다.

상품의 마술, 쪼그라든 개미의 노동 4

제가 강의하다가 학생들에게 이런 설문 조사를 한 적이 있습니다. "만일 타임머신을 탈 기회가 생긴다면 어디로 가서 무엇을 하고 싶습니까?" 그랬더니 60퍼센트 이상이 중고등학교 시절로 돌아가서 공부를 다시 하고 싶다고 답했습니다. 아니, 공부하는 것을 직업으로 삼은 저도 가끔(?) 공부가 지겨울 때가 있는데 이게 어찌 된 영문인가 했지요.

알고 보니 공부를 열심히 해서 지금보다 더 좋은 대학에 가고 싶다는 것이었습니다. 입시 경쟁의 와중에 얼마나 성적에 한이 맺혔으면 이럴까 싶어서 가슴이 아팠습니다. 어쨌든 그 학생이 정말로 다시 공부해서 외고나 과학고로 진학한 다음 전교 석차 1위로 내신 1등급은 물론 수능에서도 만점을 받았다고 칩시다. 이 학생은 어떤 대학 어떤 학과를 지망할까요?

점쟁이도 아닌데 그것을 어떻게 알 수 있느냐고요? 아닙니다. 알 수 있습니다. 만약 이 학생이 문과라면 서울대학교 법과

대학, 이과라면 서울대학교 의과대학을 갈 것입니다. 왜 그럴까요? 공부 잘하는 학생은 의학이나 법학에 타고난 재능이 있기 때문일까요? 여러분도 그 답을 알고 있겠죠? 사람들이 그 대학과 그 전공 학과를 좋다고 하기 때문입니다. 말하자면 사람들의 평판이 그것을 결정하는 것이지요. 그런데 그 학생이 정말 전공하고 싶은 학과, 평생 몸 담고 싶은 직업도 그것일까요?

이처럼 내가 원하는 삶이 아니라 타인이 좋다고 하는 삶을 살아가는 것, 그것은 바로 상품의 숨겨진 속성에서 비롯된 것입니다. 자본주의라는 경제 구조가 그렇게 만든 것이지요. 그러면 상품에 숨겨진 속성이 어떤 것이기에 우리의 삶을 이렇게 만든 것일까요?

상품의 두 가지 속성

경제 문제는 결국 잘 먹고 잘사는 것에 관한 문제입니다. 그런데 잘 먹고 잘산다는 것은 우리가 필요로 하는 욕망을 충분히 채운다는 것을 뜻합니다. 이 욕망을 채워 주는 물건을 부라고 하는데, 부자는 결국 이 부를 많이 가질 수 있는 사람을 가리키는 말이지요. 자본주의에서는 이 부가 상품으로 나타납니다. 마르크스는 상품에 대해 이렇게 말합니다.

상품은 우선 (……) 그 속성을 통해 인간의 여러 가지 욕망을 충족시키는 물적 존재이다.(1권, 87쪽)

이것을 '사용가치'라고 합니다. 즉 우리의 욕망을 충족시켜 주는 상품의 성질을 사용가치라고 합니다. 음식은 우리의 배고 픔을 해결해 주고, 옷은 우리의 추위를 막아 주며, 자동차는 우 리의 이동을 편리하게 도와줍니다. 음식·옷·자동차의 이런 성 질을 사용가치라고 합니다.

한편 우리는 상품을 곧바로 손에 넣어 소비할 수 없습니다. 시장에서 교환을 거쳐야만 비로소 상품을 손에 넣을 수 있습니 다. 상품을 그냥 가져왔다간 큰일 나지요. 도둑이나 강도로 몰 리기 십상이니까요. 상품은 교환되어야 합니다. 교환은 쌍방이 서로 무엇인가를 주고받는 과정인데, 이 주고받는 것은 양으로 측정됩니다. 그것을 '교환가치'라고 합니다. 교환가치는 대개 우 리가 시장에서 가격이라고 부르는 것입니다(가격은 교환가치를 화폐로 표시한 것입니다).

상품에는 이처럼 두 가지 속성, 즉 사용가치와 교환가치가 있습니다. 그런데 자본주의에서 우리는 교환을 통해 부를 손에 넣기 때문에 교환가치가 커야 많은 부를 손에 넣게 됩니다. 즉 자본주의에서는 부의 크기가 교환가치의 크기에 따라 결정됩니 다. 그렇다면 교환가치의 크기를 결정하는 것은 무엇일까요?

교환가치의 크기를 결정 짓는 것은 인간의 노동

상품이 가득 진열되어 있는 슈퍼마켓으로 가 봅시다. 모든 상품 은 자신의 교환가치, 즉 가격을 이마에 써 붙이고 진열대에 나

상품의 무게를 재는 사람들

상품을 팔기 위해 무게를 재는 모습이다.
이때 상품은 '사용가치'와는 다른 '교환가치'를 지니게 된다.
자본주의 사회에서는 상품의 교환가치가 부의 크기를 결정한다.
고대 그리스 도자기에 그려진 그림이다.

란히 놓여 있습니다. 사실 진열대에 나와 있는 상품들은 거기에 갑자기 등장한 것이 아닙니다. 모든 상품의 포장에는 그것이 어디에서 생산되었는지 적혀 있습니다. 제조원 또는 원산지라는 명칭으로 표기되어 있지요. 상품은 생산지에서 운반되어 거기에 와 있는 것이고, 가격은 생산지에서 출발할 때 이미 결정됩니다. 옛날에는 상품의 포장에 공장도 가격이라는 것이 모두 표기되어 있었습니다. 지금은 시장에서 자유로운 경쟁을 유도하기 위한 정부의 유통 정책 때문에 상품을 진열해 놓은 판매대에만 가격을 표시해 놓습니다.

그러면 생산지에서는 이 가격이 어떻게 결정될까요? 마르크스는 가격에 대해 이렇게 말합니다.

그것들이 생산되는 과정에서 인간의 노동력이 지출되었고 인간의 노동이 거기에 쌓여 있다는 것을 나타내고 (있을 뿐이다.)(1권, 91쪽)

즉 가격은 그 상품의 "생산에 필요한 노동시간"(1권, 93쪽)을 나타내는 것입니다. 생산에 걸리는 노동시간이 길면 상품의 가격은 비싸고, 반대로 노동시간이 짧으면 가격은 낮습니다.

그런데 혹시 여러분은 가격이 시장에서 수요와 공급에 따라 결정된다고 알고 있을지도 모르겠군요. 그 말도 틀린 말은 아닙니다. 시장에서 원래 100원 하던 상품이 수요가 갑자기 늘어나면 110원으로 오를 수 있고, 반대로 수요가 줄어들면 90원으로 떨어질 수도 있지요. 슈퍼마켓에서는 오후 8시나 9시쯤에 깜짝 세일을 하곤 하는데, 그것은 수요가 급격히 줄어드는 시각에 이미 공급되어 있는 상품을 처분하기 위해서 하는 것입니다. 수요가 줄어서 가격이 떨어지는 현상을 반영하는 것이지요.

어쨌든 수요와 공급에 의해 이처럼 가격이 변동하려면 처음에 그 상품의 가격이 얼마인지 정해져 있어야 합니다. 슈퍼마켓에서 가격이 떨어지는 것도 이미 정해져 있던 가격을 할인하는 것입니다. 그래서 엄밀히 말하면 수요와 공급은 가격을 '결정'하는 것이 아니라 이미 정해져 있는 가격을 '변동'시키는 것에 불과합니다.

결국, 부의 크기는 사실상 인간의 노동량에 의해 결정되는 것입니다. 아니, 그렇다면 뭔가 이상하지 않습니까? 부의 크기가 노동량에 달려 있다면, 많은 노동량을 지출하는 개미가 왜 부자가 되지 못하는 걸까요? 수천만 원 하는 명품 모피 코트와 수십억 원 하는 강남의 그 좋은 집들을 직접 만든 의류 노동자와 건설 노동자들은 왜 그런 모피 코트를 입거나 그런 좋은 집에서 살지 못할까요?

교환가치는 타인과의 합의를 통해

여러분, 여기가 가장 중요한 부분입니다. 『자본』이 판도라의 상자가 된 까닭이 바로 이 부분 때문입니다. 여기에서 개미의 운명을 바꾸는 것은 바로 자본주의의 가장 중요한 특성을 이루는 교환입니다. 어떻게 해서 교환은 열심히 일해 많은 가치를 만드는 개미를 오히려 가난하게 만들까요?

먼저, 교환은 혼자서 할 수 있는 행위가 아닙니다. 교환은 반드시 '대낮에 두 사람 사이에서' 이루어지는 행위입니다. 교환의 기준이 되는 교환가치, 즉 가격도 그렇습니다. 가격은 혼자서 정할 수 없습니다. 가격이란 두 사람 사이에서 합의된 것입니다. 물론 생산자가 먼저 자신의 노동량을 기준으로 가격을 제시하긴 하지만, 아무도 그 가격에 상품을 구입하지 않으면 그것은 아직 가격이 아닙니다. 생산자가 제시한 노동량을 소비자가 받아들여 상품을 구입할 때 비로소 가격이 성립합니다.

따라서 생산자는 타인이 자신의 노동량을 높은 가격으로 평가해 주기를 기대해야 하고, 그렇기 때문에 우리는 타인의 평판에 신경을 곤두세워야 합니다. 우리가 자신이 원하는 대로 살기보다는 타인이 원하는 대로 살려는 경향을 띠는 것은 바로 이 때문입니다. 교환이 우리의 삶을 타인의 평판에 맞추도록 바꾸어 버린 것입니다. 내신 1등급에 수능 만점을 받은 학생이 자신의 취향과는 관계없이 무조건 법대와 의대로 진학하는 이유가 이제 짐작이 갑니까? 이에 대해 마르크스는 다음과 같이 말합니다.

상품에 지출된 인간 노동은 그것이 다른 사람에게 쓸모 있는 형태로 지출되었을 때에만 의미가 (있기 때문이다.)(1권, 151쪽)

〈포도 수확의 달〉
르네 마그리트, 1959년

익명의 대중이 바라보는 시선에서 두려움이 느껴진다.
오늘날 우리가 타인의 시선을 두려워하는 까닭은 무엇일까?
자본주의 사회에서 각 개인은 교환가치를 평가받아 팔려야 하는
상품이기 때문이 아닐까? 세상에서 자신의 상품성을 인정받을 수
있을지 불안해하는 심정이 그림에서 느껴진다.

가장 중요한 부분을 이야기했습니다. 자본주의에서는 상품이 일단 생산된 다음 교환을 위해 시장에 등장합니다. 가격은 생산한 사람이 자신의 노동량을 기준으로 먼저 제시하고 시장에서 그것을 구매하는 사람이 받아들임으로써 결정됩니다. 모든 것이 두 단계를 거치는 것입니다. 생산과 교환이라는 두 단계 말입니다. 앞서 마르크스가 자본주의를 얘기하면서 생산관계와 교환관계를 그 구성 요소로 지목한 이유가 바로 이런 구조 때문입니다.

이제 우리는 자본주의에서 교환가치가 바로 노동량이긴 하지만, 그 노동량은 생산자가 직접 상품에 쏟아부은 노동량이 아니라 시장에서 소비자와 합의한 노동량이라는 점을 알 수 있습니다.

쪼그라드는 개미의 노동

물론 앞서 말한 두 노동량은 같지 않습니다. 바로 그래서 개미의 운명이 바뀌는 것입니다. 개미가 생산과정에서 직접 쏟아부은 노동량은 교환가치가 되지 못하고 시장에서 소비자와 합의한 노동량이 교환가치가 됩니다. 그렇다면 이 두 노동량은 얼마나 많이 차이가 날 수 있을까요?

여러분, 혹시 알바(아르바이트)를 해 본 경험이 있습니까? 해 본 사람도 있고, 경험이 없는 사람도 있겠지요? 대학에 가면 아마 대부분 알바를 하게 될 것입니다. 우리나라의 대학 등록금이 만만치 않기 때문에 여러분의 용돈까지 부모님이 모두 부담하기는 너무 힘들거든요. 알바 자리를 알아보려면 인터넷 검색창에 '알바'라고 쳐 보면 됩니다. 알바 자리를 소개하는 갖가지 웹 사이트가 줄줄이 나타납니다. 그러면 이제 여러분이 햄버거나 커피 가게 또는 주유소에서 알바를 할 때 한 시간에 얼마를 받을 수 있는지 한 번 살펴보십시오. 2012년 우리나라가 법으로 정한 최저 임금은 시간당 4,580원이고, 여러분의 알바 임금은 대개 이 액수이거나 많아도 5,000원을 넘는 경우가 별로 없습니다.

반면 2011년 7월 10일자 매일경제신문 기사에 따르면, 우리나라 100대 상장 기업의 사외 이사*들이 받는 연봉은 1억 원 가까이 됩니다. 그런데 이들이 회사에 출근한 날수는 일 년에 열흘이 채 안 된다는군요. 그러니까 이들은 하루에 약 1천만 원의 돈을 받은 것입니다. 여러분의 알바 임금과 비교도 할 수 없는 어마어마한 액수입니다. 더구나 이들은 하루 종일 일한 것이 아니라 회의를 하러 잠깐 회사에 들른 것뿐입니다. 그리고 2010년 8월에 이재훈 전 지식경제부 장관의 인사 청문회가 있었는데요. 여기서 2009년 5월부터 2010년 7월까지 15개월 동안 '김앤장'이라는 법률 회사에서 이분이 받은 자문료가 5억 원에 달한다는 사실이 밝혀져 논란이 되기도 했습니다. 자문이라는 것도 역시 직

* 회사에 매일 출근하지 않고, 다른 직업을 가지고 있으면서 가끔 회사의 회의에만 참석하는 사람을 가리키는 말입니다.

접 일을 하는 것이 아니라 가끔 회의에 참석하는 것을 말합니다.

개미의 노동은 교환과정에서 쥐꼬리만 한 것으로 줄어드는 반면, 위에서 예로 든 사외 이사는 생산과정에 투입한 노동량이 정말 보잘것없는데도 교환과정에서 수백 배, 수천 배로 뻥튀기 됩니다.

개미의 노동을 쥐꼬리로 축소시키고 베짱이의 노동을 뻥튀기하는 것은 자본주의라는 경제 구조가 지닌 교환관계 때문입니다. 교환 때문에 노동이 생산과 교환이라는 두 가지 노동으로 분리되고, 이 분리 과정에서 개미의 노동이 줄어들고 베짱이의 노동이 부풀려진 것입니다. 『자본』은 이 사실을 밝혀냈습니다. 이 문제를 푼 것은 『자본』이 처음이었고, 그 때문에 『자본』은 판도라의 상자가 된 것입니다. 마르크스도 스스로 다음과 같이 말하고 있습니다.

> 상품에 포함된 노동의 이런 이중적 성질을 비판적으로 지적한 것은 내가 처음이다. 이 점은 경제학의 이해에서 결정적인 도약점이므로…….(1권, 96쪽)

아직 문제가 다 풀린 것은 아닙니다. 교환이 개미의 노동을 쪼그라뜨린다는 지점까지 왔지만, 도대체 어떻게 해서 그렇게 되는지는 아직 해명되지 않았습니다. 게다가 참으로 이상한 것이, 개미는 왜 멍청하게도(!) 자신의 노동을 쪼그라뜨리는 이런 교환을 하는 것일까요? 세상에 자기가 가난해지기 위해서 교환을 하는 사람도 있습니까? 그것도 다른 사람을 부자로 만들어 주기 위해서 말입니다. 혹시 그런 사람이 있으면 소개받고 싶지 않습니까? 그런 사람과 교환을 할 수 있다면 나도 금방 부자가 될 테니까 말입니다.

자, 이제 이 문제로 들어가 봅시다. 교환에서는 과연 어떤 일이 벌어지는 것일까요?

교환의 기적,
같은 크기를 다른 크기로 5

등가 교환이 이루어지지 않는 곳은?

먼저 교환의 구조를 들여다볼까요. 여러분, 교환은 어떻게 이루어집니까?

> 네가 주기 때문에 나도 주는 것이고, 네가 하기 때문에 나도
> 주는 것이다. 네가 하기 때문에 나도 주는 것이며, 네가 하기
> 때문에 나도 하는 것이다.(1권, 742쪽)

바로 그렇습니다. 주고받는 것입니다. 즉 내가 가진 것을 상대방에게 주고 나에게 필요한 것을 상대방에게서 받는 것이 교환입니다. 그런데 얼마를 주고 얼마를 받지요? 그 기준이 우리가 앞서 얘기한 교환가치, 우리가 대개 가격이라고 부르는 것입니다. 그리고 자본주의 사회에서는 그것이 부의 크기를 나타낸다고 앞서 말했습니다.

우리는 교환에서 언제나 같은 교환가치를 주고받습니다. 이것을 '등가 교환'이라고 합니다. 내가 상대방에게 건넨 교환가치보다 더 적은 교환가치를 받았다면 나는 "아이쿠, 손해를 보고 말았어!"라며 애통해합니다. 반면 내가 준 교환가치보다 더 큰 교환가치를 받으면 나는 "땡 잡았어!"라고 쾌재를 부릅니다. 그러나 이처럼 이익을 보거나 손해를 보는 교환은 어쩌다 우연히 있을 수 있지만 지속될 수는 없습니다. 어느 누구도 계속 손해를 보려고 하지 않기 때문이지요. 그래서 장기적으로 교환은 결국 같은 크기의 교환가치끼리 주고받는 등가 교환이 될 수밖에 없습니다. 만물의 영장인 사람은 그렇게 계속해서 멍청하지는 않거든요. 『자본』은 교환에 대해 이렇게 말합니다.

> 순수한 형태의 상품 교환은 등가물끼리의 교환이고 (……) 교환은 성질상 동일한 크기의 두 가치 사이에 성립하는 대등한 계약이다.(1권, 240쪽)

자, 그런데 개미는 교환을 통해서 가난해지고 상대방인 베짱이는 부자가 됩니다. 어떻게 된 영문일까요? 같은 크기의 부가 교환되는데 그 크기가 변하는 것입니다. 마치 마술사가 빈손에서 나비를 불러내는 것과 같은 기적 아닙니까? 여러분, 자본주의의 가장 중요한 특징은 바로 생산과 소비 사이에 교환이 개입하게 되었다는 점인데, 그 교환이 이런 기적을 일으키는 것입니다.

사실 경제학은 이 문제를 풀기 위해 등장했답니다. 무엇보다 사람들은 부자가 되는 데 관심이 많았거든요. 어떻게 교환을 통해서 부자가 될 수 있을까요? 그것도 베짱이처럼 별로 일하지 않고 말입니다. 이것이 바로 경제학의 오랜 과제였습니다. 서점에서 부자가 되는 방법을 얘기하는 재테크 관련 책이 베스트셀러가 되는 이유도 바로 이와 관련된 것이 아닙니까? 그러나 불행히도 경제학은 이 과제를 풀지 못했습니다. 만약 이미 풀었다면 재테크를 다루는 책이 그렇게 계속해서 나오겠습니까?

기적이 일어나는 비밀

『자본』이 푼 해답은 어떤 것이었을까요? 같은 크기의 가치가 교환되는데 어떻게 그 크기가 변할까요?

비밀을 풀기 위한 첫 번째 단서는 교환이 두 과정으로 이루어져 있다는 점입니다. 즉 교환은 판매와 구매로 이루어져 있습니다. 교환과정에서 가치의 크기가 변했다면 판매할 때와 구매할 때의 가치가 달라졌다는 것을 뜻합니다. 따라서 판매와 구매 사이에 어떤 일이 벌어졌는지 추적해야 합니다.

두 번째 단서는 교환이 생산과 소비 사이에 개입하여 이 둘을 연결하고 있다는 점입니다. 교환은 혼자서 존재할 수 없습니다. 생산되지 않은 것은 교환에 나올 수 없고, 교환에서 구입된 상품은 언제나 소비를 목적으로 하는 것이거든요. 즉 교환의 두 부분인 판매와 구매는 각기 생산과 소비에 연결되어 있다는 점입니다.

　이 두 개의 단서를 결합해 보면 해답이 만들어집니다. 가치의 변화는 구매와 판매의 중간에서 이루어지는데, 구매는 소비를 위한 것이고 판매는 생산을 전제로 한 것입니다. (이 부분은 우리 얘기의 핵심이라 매우 중요한데 구조가 조금 복잡합니다. 그래서 반드시 아래 그림을 함께 보면서 이야기를 듣기 바랍니다.) 따라서 구매의 다음 단계이자 판매의 앞 단계이기도 한 이 중간 단계에서는 소비와 생산이 동시에 이루어집니다. 즉 소비되면서 생산이 이루어지고 그 과정에서 교환가치의 크기가 변하는 것입니다.

　소비되면서 생산이 이루어진다는 말은 무엇일까요? 생산하기 위해서는 원료와 설비, 그리고 사람의 노동력이 필요합니다. 이들을 통틀어 '생산요소'라고 합니다. 자본주의에서는 이들 생산요소도 물론 상품입니다. 생산이란 바로 이들 생산요소가 소비되면서 다른 새로운 상품(대개 제품이라고 부릅니다)을 만들어내는 과정을 가리킵니다. 소비되면서 생산이 이루어진다는 말은 바로 이 말입니다. 그래서 이 전체 과정은 생산요소를 구매한 뒤 이들을 생산에 사용(소비)해서 새로운 제품을 만들어 이것을 판매하는 것으로 이루어집니다.

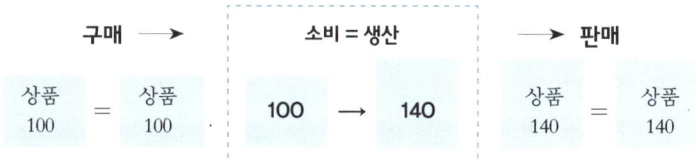

〈방적 기계 앞의 여성 노동자〉

루이스 하인, 1933년

공장에서 실을 생산하려면 실의 원료, 실을 뽑는 방적기,
인간의 노동이 필요하다. 자본가는 이들 상품(원료·기계·노동력)을
구매해서 실을 만드는 데 이용한다. 이 생산과정 어딘가에서
등가 교환에서 벗어나는 불공정한 교환이 이루어진다.

구매할 때의 가치와 판매할 때의 가치가 달라지기 위해서는, 생산요소를 사용(소비)하는 과정에서 가치가 변해야 합니다. 65쪽 그림에서 보면 100원의 가치를 가진 상품은 생산에 사용되는 과정에서 그 크기가 140원으로 변한 다음 140원에 판매됩니다.

결국 교환의 기적은 전적으로 이 생산요소, 즉 가치를 변동시키는 생산요소에 달려 있습니다. 그것은 바로 노동력이랍니다. 생산에 사용되는 생산요소는 인간의 노동력과 다른 물적 요소(원료나 기계 등과 같은)의 두 가지로 이루어집니다. 이 두 요소 가운데 가치를 변동시킬 수 있는 것은 노동력뿐입니다. 물적 요소도 생산에 함께 사용되긴 하지만 그것들은 가치를 변동시킬 수 없습니다. 가치는 인간의 노동량에 따라 결정되니까요. 물적 요소들은 단지 노동력이 가치를 변동시키는 것을 도와줄 뿐이지요. 그래서 마르크스는 다음과 같이 말합니다.

> (가치의) 변동은 (……) 상품의 소비에서만 발생할 수 있다. (……) (이를 위해서는) 유통 영역 내에서 (……) 그것의 현실적 소비가 (……) 가치의 창출이 되는 그런 상품을 발견해야 한다. (……) 그것은 바로 노동력이다.(1권, 251쪽)

자, 이렇게 해서 개미와 베짱이의 운명을 바꾸어 놓은 교환의 비밀이 모두 풀렸습니다. 노동력의 교환이 바로 그 비밀의 열쇠입니다. 이제 노동력의 교환을 통해서 개미와 베짱이의 운명이 어떻게 바뀌는지 설명해 보겠습니다.

노동력의 교환에는 두 사람이 마주 서 있습니다. 한 사람은 노동력을 판매하고, 다른 한 사람은 노동력을 구매합니다. 노동력을 구매한 사람은 노동력을 생산에 사용함으로써 구매할 때보다 더 큰 가치를 만들어 냅니다. 그래서 노동력의 판매자는 자기가 받은 것보다 더 큰 가치를 구매자에게 제공하게 됩니다. 반면 노동력의 구매자는 자기가 지불한 것보다 더 큰 가치를 돌려받게 됩니다.

이 노동력의 매매에서 노동을 하는 사람이 바로 개미입니다. 그는 자기가 받은 것보다 더 많은 노동을 구매자에게 제공합니다. 반면 노동력의 구매자는 노동을 하지 않습니다. 바로 베짱이지요. 그런데 이 베짱이는 개미에게 지불한 가치보다 더 많이 일을 시켜 더 큰 가치를 차지합니다. 그래서 이 교환은 한쪽이 다른 쪽보다 많이 갖는 교환입니다. 개미가 생산한 노동은 베짱이에게 이전됩니다. 교환이 거듭될수록 양쪽의 격차는 커집니다. 가치를 만들어 내는 개미가 교환을 통해 가난해지는 것은 바로 이 때문입니다.

경제학의 본명이 바뀐 사연

『자본』이 수수께끼를 풀자마자 곤란한 문제가 생겼습니다. 그것은 더 이상 개미가 가난해지지 않고 베짱이가 부자가 될 수 없게 하는 방법을 알려 주는 것이기도 하거든요. 큰일 났습니다! 누가요? 바로 교환을 통해 자신들의 부를 크게 부풀리던 베짱이들이지요. 그리고 베짱이들과 함께 큰일 난 사람들이 또 있었습니다. 사실 베짱이들이 교환을 통해 부를 부풀릴 수 있는 방법은 원래 경제학이 알아낸 비밀이었습니다. 그런데 이제 그 비밀이 들통 난 것이죠. 그래서 베짱이들과 함께 경제학도 난리가 났습니다.

일단 급한 불을 끄고 보자는 심경으로 베짱이들과 경제학자들은 『자본』이 푼 해답이 맞지 않다고 주장했습니다. 그렇지만 다른 해답을 새롭게 제시하지도 못했습니다. 결국 방법은 하나뿐이었지요. 사람들이 이 문제에 더는 관심을 갖지 못하게 만드는 것이었습니다. 그래서 이 문제를 다루는 것은 경제학이 아니라고 주장하게 되었습니다. 그러나 원래 경제학이 이 문제를 풀기 위해서 출발했다는 점까지 지울 수는 없었습니다. 그래서 경제학에 비밀이 만들어집니다.

오늘날 경제학을 영어로 뭐라고 하지요? 'economics'라고 하지요? 그런데 이 말은 경제학의 본디 이름이 아닙니다. 이 말은 1890년 앨프리드 마셜이라는 사람이 지어낸 이름입니다. 경제학은 개미와 베짱이의 운명이 뒤바뀌기 시작한 1700년대에 비롯되었고, 『자본』이 교환의 수수께끼를 풀기 전까지 경제학의 본디 이름은 'political economy'였습니다. 그런데 『자본』이 푼 해답에 사람들이 관심을 기울이지 못하게 하려고 경제학의 주제를 다른 곳으로 돌려 버리고 이름까지 바꾸어 버린 것입니다.

오늘날 경제학은 『자본』이 푼 해답을 담고 있는 경제학과 그

리카도의 책 표지(왼쪽)와 맬서스의 책 표지(오른쪽)

고전 경제학을 완성한 데이비드 리카도와 토머스 맬서스가 쓴 핵심 저서의
표지. 둘 다 경제학의 이름이 'political economy'라고 기록되어 있다. 각각
1817년과 1820년인 출판 연도도 보인다.

마셜의 책 표지

경제학의 이름을 바꾼 문제의
앨프리드 마셜의 책. 경제학의 이름이
'economics'로 바뀐 것을 알 수 있다.
이 책은 1890년에 출판되었다.

해답을 기피한 경제학으로 나뉘어 있는데, 전자를 노동자(또는 개미) 경제학이라고 부르고 후자를 자본가(또는 베짱이) 경제학이라고 부릅니다. 노동자를 프롤레타리아, 자본가를 부르주아라고도 하기 때문에 각각 프롤레타리아 경제학, 부르주아 경제학이라고도 합니다. 앞서 재테크의 경제학과 『자본』이 전혀 다른 경제학 책이라고 했는데 이제 그 차이점을 하나 더 알게 된 셈이군요. 재테크의 경제학은 바로 부르주아 경제학입니다. 물론 『자본』은 프롤레타리아 경제학이고요. 어쨌든 교환의 수수께끼를 얘기하다 보니 경제학의 계보에 대해서도 얘기하고 경제학이 두 가지라는 것도 얘기하게 되었군요.

베짱이도 노동을 한다고?

한편, 베짱이가 노동을 하지 않으면서 개미의 노동을 차지한다는 말을 혹시 베짱이가 아무것도 하지 않은 채 마냥 그렇게 한다는 뜻으로 오해해서는 안 됩니다. 베짱이도 일을 합니다. 단지 그것이 가치를 생산하지 않을 뿐이지요. 개미가 가치를 생산하는 것과 관련해 베짱이는 크게 두 가지 일을 합니다. 하나는 노동자를 관리 감독하는 것입니다. 마르크스는 베짱이의 입을 빌려 그것을 이렇게 전합니다.

"나도 노동을 하지 않았는가? 방적공에 대한 감시나 감독이라는 노동을 하지 않았는가? 나의 이런 노동 또한 가치를 형성하

지 않는가?"(1권, 284쪽)

이것을 흔히 '관리 노동'이라고 합니다. 그런데 이것은 서커스에서 곰이 재주를 부려 돈을 벌어들이는 경우와 마찬가지입니다. 사람들이 서커스 입장료를 지불하는 것은 곰의 재주를 보기 위해서이지 조련사를 보려고 하는 것은 아닙니다. 물론 곰은 조련사가 훈련시켜야만 재주를 부립니다. 그러나 조련사의 노동은 곰의 노동에 의존해 있으며 곰의 노동 없이는 애초에 존재할 수 없는 것입니다. 그래서 이 둘의 관계는 일종의 숙주와 기생물의 관계와 같습니다. 곰이라는 숙주가 없으면 조련사라는 기생물이 존재할 수 없는 것입니다.

베짱이의 관리 노동도 마찬가지입니다. 베짱이도 관리 노동이라는 수고를 하는 것은 맞지만, 그 수고가 가치를 생산하는 것은 아닙니다. 베짱이의 관리 노동은 개미가 생산한 가치에 기생하는 성격을 띱니다.

베짱이가 하는 또 하나의 일은 개미가 생산에 노동력을 제공하는 것처럼 베짱이도 생산에 노동력 이외의 요소인 공장 설비나 원료 따위를 제공하는 것입니다. 이에 대해 베짱이는 아마도 이렇게 말할 테지요.

"노동자가 그냥 손과 발만 가지고 허공에서 노동 생산물을 창조하고 상품을 생산한 것이 아니지 않은가? 내가 노동자들에게 재료를 주었기 때문에 노동자는 (……) 오직 그것들을 통해서만 자신의 노동을 체화할 수 있었던 것이 아닌가? (……) 나는 그 봉사에 대한 대가를 요구해야 하지 않는가?"(1권, 283쪽)

그러나 이것도 앞의 경우와 마찬가지입니다. 이 원료나 공장 설비도 직접 가치를 만들어 내는 것은 아닙니다. 개미가 가치를 만드는 것을 도와줄 뿐이지요. 개미의 노동이 없다면 이들 원료나 공장 설비도 당연히 필요 없습니다. 물론 이것들도 모두 예전에 다른 개미들이 노동한 결과물이기 때문에 가치를 가지고 있습니다. 그러나 이 가치는 생산과정에서 상품 속으로 고스란히 옮겨 갈 뿐 새로 만들어지는 가치는 아닙니다. 새로 만들어지는 가치의 숙주는 아닌 것입니다.

결국 베짱이는 개미의 노동력을 구매해서 생산에 사용하는 방법으로 개미에게 준 것보다 더 많은 노동을 돌려받습니다. 이 교환은 개미가 적게 받고 베짱이가 많이 받는 이상한 교환입니다. 이것은 교환의 법칙인 등가 교환을 위반하고 있습니다.

개미는 이 교환에서 손해를 봅니다. 개미는 왜 이런 불리한 교환을 하는 것일까요? 그것도 계속해서 말입니다. 앞에서도 얘기했지만 인류는 만물의 영장인데, 좀 이상하지 않습니까? 그것은 바로 이 교환의 기적에서 비밀의 열쇠가 되는 노동력이 소비되는 과정, 즉 생산과 밀접하게 관련되어 있습니다. 도대체 어떤 내막이 숨겨져 있는 것일까요?

잔인한 형벌로 강제된 노동

6

개미의 한탄

한 3년 전 일입니다. 서울에 갈 일이 있어서 기차를 타려고 부산역까지 택시를 탄 적이 있습니다. 새벽 5시경이었습니다. 매우 이른 시각이라 길이 한산하고 너무 고적해서 그랬는지 기사가 계속 이런저런 말을 걸어왔습니다. 그런데 문득 귀에 걸리는 얘기가 있더군요. 그 기사가 한번은 해운대의 어느 특급 호텔에서 공항으로 가는 손님을 태운 적이 있었답니다. 역시 새벽 시간이었는데, 한 달 수입이 얼마나 되느냐고 손님이 묻더랍니다. 그래서 100만 원 남짓 된다고 대답하자 그 손님이 대뜸 그러더랍니다.

"아니, 고작 그 돈을 벌겠다고 이 꼭두새벽에 운전대를 잡고 있단 말입니까?"

그 기사가 저에게 하소연하듯 이러더군요.

"난들 그 돈이 얼마나 보잘것없는 액수인 줄을 왜 모르겠어요? 당연히 잘 알죠. 그런데 나라고 좋아서 이 일을 하겠습니까? 달리 먹고살 방도가 없으니 어쩔 수 없이 하고 있는 거지요!"

등가 교환이 아니라는 것을 알면서도, 그래서 억울하다고 생각하면서도 개미가 베짱이와 교환을 하는 이유가 바로 이 택시기사의 얘기 속에 담겨 있습니다. 즉 "어쩔 수 없어서 하는 것"입니다. 왜 그럴까요? 무엇이 개미로 하여금 어쩔 수 없게 만드는 것일까요?

할리우드 영화를 보면, 음식점이나 호텔 같은 곳에서 서빙을 하던 주인공이 매니저가 심하게 야단치자 갑자기 제복을 벗어던지며 "나, 이제 안 해!"라고 외치면서 나가 버리는 장면이 가끔 나옵니다. 이런 장면을 보며 우리는 통쾌한 느낌을 받지만, 사실 그것은 영화 속에서나 가능한 일입니다. 대부분의 경우 사람들은 아무리 힘들고 아니꼬운 일이 있어도 직장을 그리 쉽게 그만두지 못합니다. 왜 개미들은 베짱이의 면상에 대고 "나, 이제 안 해!"라고 통쾌하게 말할 수 없는 걸까요?

"목구멍이 포도청이기 때문이랍니다!"

아니, 왜요? 개미는 노동을 하고 노동은 부를 만들어 내지 않습니까? 그런데 왜 불리한 교환을 해야만 할까요? 그것은 바로 자본주의라는 경제 구조 때문입니다. 자본주의에서 개미가 만들어 내는 부는 개미의 것이 아닙니다. 이제 이 점을 살펴볼까요.

한탄의 원인은 바로 생산수단

부를 만들어 내는 노동과정은 두 종류의 생산요소가 결합하는 구조로 이루어져 있습니다. 즉 인간의 노동력과 물적 요소(원료, 도구 또는 설비 등)가 결합하는 것이지요.

수렵 사회에서 인간의 노동력이 결합하던 물적 요소는 사냥 도구와 사냥터, 그리고 그 사냥터에 살고 있는 들소나 매머드 같은 동물이었습니다. 농경사회에서는 농기구와 토지, 그리고 그 토지에서 재배하던 농작물이었죠. 이런 물적 요소를 '생산수단'이라고 합니다.

그러면 오늘날에는 어떨까요? 우리나라 대학생들이 가장 취직하고 싶어 하는 회사가 삼성전자인데, 그 대학생들은 자신의 노동력을 삼성전자의 사무실이나 공장에 있는 설비들에 결합시키기를 원합니다. 오늘날의 이런 설비들이 옛날의 사냥터나 사냥 도구, 농사를 짓던 토지나 농기구에 해당하지요. 즉 옛날이나 오늘날이나 노동력과 생산수단이 결합하여 생산물이 만들어집니다. 그래서 대학생들은 삼성전자의 생산수단과 결합하기를 바라는 것입니다.

그런데 노동력과 생산수단이 결합하여 만들어진 부의 처분권은 생산수단이 누구 소유인지에 따라 결정됩니다. 토지가 마을의 공동 소유였을 때는 토지에서 나오는 생산물을 마을 사람들이 공동으로 나누어 가졌습니다. 그러나 오늘날처럼 삼성전자가 이건희 회장의 개인 소유일 경우에는 거기에서 만들어진 휴대 전화는 이건희 회장이 마음대로 처분하게 되어 있습니다. 혹시 삼성전자에 다니는 직원이 공장에서 자기가 만들던 휴대 전화를 가져가면 어떻게 될까요? (공장 전체에 시시티브이가 구석구석 설치되어 있기 때문에 정말 그랬다간 당장 들킵니다.) 절대 안 됩니다. 자기가 만들었다고 가져가서는 안 됩니다. 이건희 회장의 허락 없이는 삼성전자에서 만들어진 모든 휴대 전화에 누구도 함부로 손을 대서는 안 됩니다.

2011년에 이건희 회장이 서초동 삼성 사옥으로 출근하는 것이 화제가 된 적이 있습니다(원래는 출근을 거의 하지 않는다는군요). 그 이유 가운데 하나가 바로 삼성 그룹 내부의 부정부패 때문이었다고 합니다. 그래서 대대적인 감사가 진행되어 여러 건의 부정이 적발되었는데, 삼성전자의 어느 직원은 회사 재산을 빼돌려 97억 원을 챙겼다고 하는군요. 물론 그 직원은 해고되고 검찰에 고발까지 당했다고 합니다. 이처럼 모든 부의 처분권은 생산수단의 소유자가 독점하게 되어 있습니다.

정리하자면, 대학생들이 삼성전자에 취업하기를 원하는 까닭은 이들이 노동력만 있을 뿐 사무실이나 공장 설비 같은 생산수단이 없기 때문입니다. 생산수단 없이 노동력만으로는 부를 만들어 낼 수 없으니까요. 그리고 생산수단과 결합하여 부를 만들더라도 그 처분권은 전혀 갖지 못합니다. 앞서 택시 기사가 "어쩔 수 없다."고 말한 이유는 그분이 생산수단을 가지고 있지 않기 때문인 것입니다.

자본주의 사회에서는 모든 것을 교환을 통해 구입할 수 있기 때문에 생산수단은 돈을 주고 구입해야 합니다. 생산수단을 구입하는 돈을 '자본'이라고 합니다. 그래서 우리는 생산수단을 가진 사람을 자본가라고 부릅니다. 그렇다면 노동력의 매매는 노동력만 가진 사람과 자본을 가진 사람 사이에서 이루어지는 것입니다. 노동력을 가진 사람은 자본을 가지지 못해서 혼자 힘으로는 부를 생산할 수 없습니다. 당연히 그 상태로는 먹고살 수 없습니다. 그래서 그는 어쩔 수 없이 자신의 노동력을 자본가에게 판매해야 합니다. 개미가 손해 보는 교환을 하는 까닭이 바로 여기에 있습니다.

개미의 기원

개미가 불리한 교환을 감수하는 까닭은 생산수단을 소유하지 못했기 때문입니다. 그런데 도대체 베짱이가 가진 생산수단을 개미는 왜 갖지 못한 것일까요? 개미가 스스로 원해서 그렇게 된 것일까요? 아니면 하늘이 점지해 두었기 때문일까요? 이를테면 개미는 이마에 '개미'라는 낙인이 찍힌 채로 태어나고, 베짱이는 서양 속담처럼 입에 '은수저'(또는 '자본')를 물고 태어나는 것일까요? 요컨대 생산수단의 소유 여부에 따라 갈라지는 개미와 베짱이의 운명은 어떻게 결정되는 것일까요?

개미와 베짱이의 운명이 뒤바뀐 자본주의는 유럽에서 생산과 소비의 균형이 깨지고 이를 극복하기 위한 돌파구로 교환이 등장하는 16세기경부터 시작되었습니다.

　자본주의 이전에는 생산을 담당하던 농민들이 모두 자신의 토지와 농기구를 가지고 있었습니다. 즉 그때는 개미들이 생산 수단을 직접 소유했던 것이지요. 단, 생산수단 가운데 가장 중요한 토지는 개별 농민이 직접 소유하는 것이 아니라 장원*이라는 경제 단위가 공동으로 소유하고 있었습니다.

　장원은 외부의 잦은 침입 때문에 영주라는 직업 군인의 보호를 받는데, 마을 공동의 생산수단은 사실 이 영주의 책임 아래 들어가 있었습니다. 농민들은 해마다 마을이 공동으로 소유한 토지를 서로 나누어 농사를 지었고 자신들이 생산한 농산물 가운데 일부를 영주에게 바쳤습니다. 전쟁과 역병 때문에 생산과 소비의 균형이 깨지기 전까지는 이런 상태가 이어졌습니다.

　그런데 15세기에 생산과 소비의 균형이 깨지면서 부족한 생산을 바깥세상에서 조달해야 할 필요가 생겼습니다. 교환을 위한 생산이 필요하게 된 것입니다. 이제 영주들은 필요한 물품을 농민이 아니라 상인에게서 조달해야 했습니다. 즉 영주들은 상인이 원하는 것을 주고 그 대가로 자신에게 필요한 물건을 얻는 교환을 하게 된 것입니다. 상인들이 처음에 원한 물건은 양털이었는데, 양을 키우려면 넓은 목초지가 필요했습니다. 목초지를 새롭게 만들기 위해서는 그동안 농민들이 나누어 농사짓던 마을

* 생산과 소비가 동시에 이루어지는 단위로, 대개 하나의 마을이었습니다.

농토의 모습 1

농민들을 쫓아내기 전의 토지 모습이다.
마을이 공동으로 소유하면서 해마다 농민에게 나누어 주는 토지가
바뀌었기 때문에 경계가 따로 없다. 이런 경지를 개방 경지라고 한다.

농토의 모습 2

농민들을 쫓아낸 후의 토지 모습이다. 울타리로 경계를 지어
함부로 들어가지 못하게 했다. 울타리를 쳐서 농민들을 쫓아냈기에
울타리 치기 운동(enclosure movement)이라고도 한다.

공동의 토지를 농민들에게서 빼앗아야 했습니다. 물론 토지는 대대로 마을 공동의 소유였기 때문에 그것은 얼토당토않은 일이 었지요. 그러나 영주에게는 무력이 있었습니다. 영주는 대대로 농사지어 오던 마을 공동의 토지에서 농민들을 강제로 쫓아냈습니다. 물론 폭력을 사용했지요.

갑자기 토지를 빼앗긴 농민들은 농촌에서 도시로 대거 흘러들어 갔습니다. 도시에서는 상인들이 이들을 기다리고 있었습니다. 상인들은 동방과의 교역으로 큰돈을 벌어서 이미 생산수단을 소유하고 있었습니다. 베짱이가 되기로 작정한 상인들 처지에서는 마치 모든 것이 미리 짜 둔 각본에 따라 진행되는 것처럼 순조롭게 보였습니다.

그런데 호사다마라고, 좋은 일에는 언제나 예기치 못한 장애가 따르는 법입니다. 도시로 쫓겨 들어온 농민들이 노동력을 판매하지 않고 버틴 것입니다. 과연 무슨 일이 벌어졌을까요?

거지의 전설과 형벌의 추억

쫓겨난 농민이 거지가 된 것이었습니다! 거지가 되면 비록 생산수단을 소유하지 못해서 부를 생산할 수 없긴 하지만 노동력을 판매하지 않고 버틸 수 있지 않습니까? 베짱이의 달콤한 꿈에 젖어 있던 상인들에게는 도저히 묵과할 수 없는 일이었지요. 그래서 베짱이들은 법을 만듭니다. 이른바 '거지 면허증 법'이 바로 그것입니다. 거지가 되려면 국가에서 발행하는 공인 면허증을 소지해야 하고, 이 면허증이 없는 거지는 반사회 사범으로 간주하여 형벌에 처한다는 것입니다.

오늘날의 우리에게는 믿기 어려운 코미디 같은 얘기처럼 들리지만, 이것은 엄연한 역사적 사실입니다. 우리나라를 비롯해 자본주의로 넘어가던 나라들에서 대부분 존재했던 법입니다. 자본주의 경제 구조가 확립되려면 노동력을 베짱이에게 판매하는 개미가 반드시 필요한데, 개미가 불리한 교환을 고분고분 감수하려 하지 않았기 때문입니다.

이 법의 모태가 된 것이 15세기 말 영국의 헨리 7세 치하에서 처음 제정되었고, 그 뒤 여러 왕들을 거치면서 내용이 조금씩 바뀌다가 1714년 앤 여왕 치하에서 비로소 폐지되었습니다. 거의 200년 이상이나 지속된 것이지요. 영국을 유럽의 최강국으로 만들었다는 엘리자베스 여왕 시절의 법을 조금만 들여다보면 이 법이 '장난이 아니었다.'는 사실을 금방 알 수 있습니다.

> 엘리자베스, 1572년 : 허가증이 없는 14세 이상의 거지는 그들을 사용하려는 사람이 2년 안에 나타나지 않으면 가혹한 채찍질을 당하고 왼쪽 귓바퀴에 낙인이 찍힌다. 그런 다음에도 다시 그를 사용하려는 사람이 2년 안에 나타나지 않으면 동일한 형벌이 가해지지만 (……) 3회 누범은 국가에 대한 반역자로 가차 없이 사형에 처한다.(1권, 989쪽)

부랑자 처벌 풍자화

토지를 빼앗긴 농민들은 구걸이라도 하려고 도시로 흘러들어 부랑자가 되었다.
그러나 이들의 행동은 불법으로 규정되어 혹독하게 처벌받았다.
그림처럼 채찍질을 당하고 구속되고 사형에 처해졌다.
이들에게 남은 선택은 강제 노동뿐이었다. 19세기 초 영국의 풍자화이다.

실제로 엘리자베스 여왕 치하에서는 해마다 300~400명 정도가 이 법에 의해 처형당했답니다. 개미를 토지에서 쫓아낸 것도, 거지로 버티던 개미를 강제 노동으로 내몬 것도 이처럼 모두 인위적으로 이루어진 일이었습니다. 자본주의가 처음 개미를 만들어 낸 과정은 이처럼 끔찍한 형벌에 의한 것이었습니다. 오늘날 개미들이 일자리를 잃는 것을 두려워하는 까닭은 일자리를 잃으면 형벌과 죽음이 따랐던 초기의 이 잔인한 경험과 무관하지 않을 것입니다. 그래서 마르크스는 자본주의의 탄생을 이렇게 표현하고 있습니다.

> 자본은 머리끝에서 발끝까지의 모든 털구멍에서 피와 오물을 흘리면서 태어난다.(1권, 1019쪽)

개미가 생산수단을 갖지 못하고 어쩔 수 없이 노동력을 판매하게 된 사연은 이와 같습니다. 그런데 개미의 노동력 판매는 사실 노동력을 잠시 생산에 사용하도록 빌려 주는 것(임대)과 마찬가지라서, 자본주의에서 개미는 보통 '임노동자'라고 부릅니다. 자본가는 이 노동력을 구매하여 그것을 생산에 사용합니다. 그리고 구매할 때 지불한 가치보다 더 큰 가치를 만들어 내게 합니다. 우리가 살펴본 예에서는 100원에서 140원이 되는 것이지요.

교환에서 가치가 변동하는 비밀은 이처럼 교환 그 자체에서 가치가 변동하는 것이 아닙니다. 구매와 판매 중간에 놓여 있는 과정(즉 65~67쪽에서 이미 설명했듯이 '소비=생산'의 과정)에서 노동력이 가치를 생산하는 내용으로 이루어진 것입니다. 교환의 비밀이 생산에 있다고 한 말은 바로 이런 의미입니다.

개미와 베짱이의 관계는 이제 좀 더 분명해졌습니다. 여러분, 타임머신을 타고서라도 다시 공부를 열심히 해서 더 좋은 대학, 더 좋은 학과로 가고 싶어 하는 학생들이 궁극적으로 바라는 것이 무엇이겠습니까? 바로 삼성전자 같은 큰 회사에 취직하는 것 아닙니까? 다시 말해서 자신의 노동력을 판매하려는 것 아닙니까? 그런데 바로 그 삼성전자의 이건희 회장이나 그 아들인 이재용 사장도 이런 학생들과 같은 고민을 한 적이 있을까요? 좋은 직장에 취직하기 위해서 말입니다.

물론, 이들은 그렇게 할 필요가 없습니다. 이들은 자본을 가지고 있고, 따라서 이들에게는 거꾸로 노동력을 판매하려는 개미들이 줄을 서 있기 때문입니다. 이들은 단지 개미의 노동력을 구매하기만 하면 됩니다. 노동은 개미들이 하는 것이고, 이들은 그 노동력을 사용하기만 하면 됩니다. 노동하는 개미는 노동력을 판매하는 사람들이고, 노동하지 않는 베짱이는 노동력을 구매하는 사람들입니다.

개미와 베짱이의 교환

그러면 이들 사이의 교환은 어떤 결과를 만들어 낼까요? 2010년 우리나라 최고 수준의 연봉(일 년 동안에 받는 봉급의 총액)을 받는 삼성전자 노동자들의 평균 임금은 8,640만 원이었습니다. 시간당 5천 원도 못 받는 알바생의 눈으로 보면 가히 '신의 직장'까지는 아니더라도 '신의 동생 직장' 정도는 되겠지요?

그런데 우리나라 최고 수준의 개미가 받는 이 임금과 바로 이들을 고용한 베짱이, 즉 자본가의 수입을 한번 비교해 볼까요? 2010년에 삼성 그룹의 이건희 회장과 그의 아들인 이재용 사장이 삼성전자에서 받은 배당 수익은 각각 500억 원과 84억 원이었답니다. 이들은 형식적으로 경영자의 지위에 있기 때문에 경영자로서 받는 급여도 따로 있지요. 배당 수익이란 이런 급여와는 별도로 이들이 삼성전자의 주식, 즉 자본을 가지고 있다는 점만으로 얻는 수익입니다. 즉 배당 수익은 노동을 해서 얻는 수익이 아니라 가만히 앉아서 얻는 수익입니다.

노동하는 개미와 이들을 구매하는 베짱이의 수익 사이에는 이처럼 커다란 차이가 있습니다. 그래서 노동력 매매는 개미와 베짱이의 운명을 바꾸는 것입니다. 게다가 이들의 격차를 더 벌리기까지 합니다. 그런데 개미와 베짱이 사이에 이루어지는 이 교환의 결과를 조금 들여다보면 특이한 사실을 하나 발견하게 됩니다.

택시 기사들의 노동 조건은 지역마다 회사마다 천차만별이라 일률적으로 얘기하기는 어렵지만, 인터넷에 올라 있는 어느 기사의 사례 하나를 그대로 인용해 보기로 하겠습니다. 제가

2011년 7월 인터넷에서 검색한 내용에 따르면 택시 기사 이 아무개씨의 수입 내역은 다음과 같습니다.

하루 수입
1만 5천 원
하루 매출액 13만 원 − 사납금 10만 원 − 가스 충전비 1만 5천 원
월수입
101만 5천원
하루 수입 1만 5천 원 × 21일 + 월급 70만 원

＊ 한 달 평균 21일, 하루 12시간 노동의 결과입니다.

우리가 주목해야 할 사실은 개미의 수익과 베짱이의 수익이 모두 개미가 하루 동안 벌어들인 총매출액 13만 원에서 나온다는 점입니다. 사납금이란 개미가 베짱이에게 갖다 바치는 것인데, 이 가운데 일부는 다시 월급이라는 형태로 개미에게 지불됩니다. 개미는 한 달에 21일 동안 매일 10만 원씩 모두 210만 원의 사납금을 바치고 70만 원을 돌려받습니다. 베짱이에게 돌아가는 최종 수익은 140만 원인데, 물론 이 수익 중에는 나중에 택시가 낡아서 교체할 때 들어갈 비용이 포함되어 있습니다. 그러나 이들 비용을 빼고도 베짱이의 몫이 남는 것은 분명합니다.

궁극적으로 모든 부는 개미의 노동을 통해서 만들어지고, 개미가 만든 이 부를 개미와 베짱이가 나누어 갖는 것입니다. 그렇다면 곧바로 이런 의문이 떠오릅니다. 두 사람은 이것을 어떻게 나누는 것일까요? 그것을 알려면 아무래도 처음에 부가 만들어지는 바로 그곳, 즉 생산이 이루어지는 장소로 들어가 봐야 할 것 같습니다. 마르크스는 그 장소를 이렇게 안내합니다.

> 화폐 소유자(자본가-지은이)와 노동력의 소유자가 함께 들어
> 가는 비밀스러운 생산의 장소, 곧 출입구에 '관계자 외 출입 금
> 지'라는 팻말이 붙어 있는 그 장소로 이 두 사람의 뒤를 따라가
> 보도록 하자.(1권, 261쪽)

7 시간을 늘려라, 일 분 일 초가 돈이다!

문명의 역사는 노동시간을 줄이는 역사

여러분, 아마존 같은 열대 우림 지역이나 히말라야 같은 고산 지역의 원주민 생활을 취재한 다큐멘터리를 본 적이 있습니까? 그런 프로그램을 보면 어떤 생각이 드나요? 이런 생각이 듭니까? '어쩌면 저렇게 거칠고 야만스러운 환경에서 살지? 나는 그래도 문명 세계에서 살고 있으니 참으로 다행이야!'

그런데 저는 그런 프로그램을 볼 때면 '문명의 기준이라는 것이 도대체 무엇일까?' 하는 생각을 합니다. 보통 우리가 사용하는 말의 의미에 따른다면, 문명이라는 것은 인류의 생활이 무엇인가 좋아졌다는 의미를 담고 있는 것 아닌가요? 그런데 경제적인 측면에서 인간의 생활이 나아졌다면 그것은 어떤 것일까요?

이 물음에 대한 단서가 될 만한 것으로 제가 인류의 발생과 관련된 이야기를 하나 해 드리지요. 제가 가르치는 경제사 강의에서는 동물과 인간의 차이점을 경제생활과 관련지어 이렇게 설명합니다. 동물이 하루를 보내는 시간을 가만히 살펴봅시다. 동물은 오로지 먹고사는 데에만 시간을 씁니다. 제비는 먹이를 찾아 날아다니고, 소는 하루 종일 풀을 뜯느라 시간을 모두 소비합니다. 사자나 치타도 마찬가지입니다. 사냥을 위해 하루를 모두 소비하고 사냥에 성공하고 나면 다음 사냥 때까지 체력을 비축하면서 휴식을 취합니다. 그래서 동물들은 눈에 보이지 않는 일종의 '생존의 우리' 속에 갇혀 있다고 말합니다. 창살 없는 감옥과 마찬가지인 것이지요.

그런데 인간은 먹고사는 데에만 모든 시간을 소비하지 않습니다. 인류의 머나먼 조상이 남겨 놓은 유적 가운데 동굴에 그려 놓은 벽화가 있습니다. 벽화를 그리는 일은 먹고살기 위한 활동은 아닙니다. 그것은 오늘날 개념으로 문화생활에 해당합니다. 인간만은 생존의 우리에서 벗어나 있지요. 이 점이 바로 동물과 인간을 구분 짓는 가장 확실한 경계선입니다.

그렇다면 인간이 동물과 구분되는 것은 생존을 위한 시간, 즉 일하는 시간을 줄이면서 문화생활을 위한 여가시간을 갖기 때문입니다. 이것은 대개 도구의 발명을 통해서 이루어진 것입니다. 따라서 만약 문명이 동물적인 상태에서 벗어나는 것을 의미한다면 그것은 바로 노동하는 시간을 줄인다는 뜻으로 이해해도 될 것입니다. 실제로 인간은 원시 사회부터 노예 사회, 봉건 사회로 발전해 오면서 꾸준히 노동시간을 줄이고 여가시간을 늘리는 과정을 밟아 왔습니다. 문명의 역사는 인간이 노동시간을 줄여 가는 과정이었던 것입니다.

자본주의와 문명의 역설

그런데 이처럼 문명을 노동시간의 감소로 이해하면 금방 난처한 문제와 맞닥뜨리게 됩니다. 무엇이 우리를 난처하게 만드는 것일까요? 영국의 어떤 역사학자가 지금부터 무려 800년 전인 13세기 영국 농민들의 노동시간을 조사한 적이 있는데, 그 결과가 놀랍습니다. 연간 노동시간이 1,620시간이었던 것입니다.[*]

이 수치가 놀라운 까닭은 현재 지구에서 가장 잘사는 나라들이 모여 있는 OECD 국가들의 연간 평균 노동시간이 1,764시간(2008년 기준)으로 더 길기 때문입니다. 우리나라의 연간 평균 노동시간은 2,243시간(2009년 기준)이며, 특히 우리나라에서 삼성전자와 어깨를 겨루는 회사인 현대자동차 노동자들의 연간 노동시간은 무려 2,528시간(2007년 기준)이나 됩니다.[**] 13세기는 우리가 암흑기라고 부르던 중세입니다. 스마트폰으로 온갖 것을 하는 오늘날에 견주면 야만 시대라고 생각할 법도 하지요. 그런데 과연 언제가 '야만'인 것일까요?

[*] Gregory Clark(1986), *Impatience, Poverty, and Open Field Agriculture*, mimeo.
[**] 박태주(2009), 「현대자동차의 장시간 노동체제와 '주간연속2교대제'에 대한 시사점」, 『동향과 전망』 2009년 여름호, 한국사회과학연구소, 237쪽.

〈추수〉

피터르 브뤼헐, 1565년

옛날, 생산과 소비가 일치하던 구조에서는 자기가 소비할 부를
자신의 노동으로 만들었다. 그래서 사람들은 일하다가 힘들고 지치면,
그림처럼 눕거나 앉거나 음식을 먹거나 잠을 자면서 쉬었다.
자본주의 이전의 사람들은 오늘날처럼 장시간 노동에 시달리지 않았다.

여러분, 경제 문제와 관련하여 많은 사람들이 혼동하는 것은 우리의 경제생활이 옛날보다 나아졌다고 생각하는 것입니다. 경제생활의 핵심은 먹고사는 데 있으며, 인간은 다른 동물과 마찬가지로 먹고살기 위해서 반드시 노동을 해야 합니다. 만일 경제에 진보가 있다면 그것은 바로 이 먹고살기 위해 짊어져야 하는 노동의 부담이 가벼워지는 것입니다. 그러나 21세기도 한참 지난 오늘날, 우리가 먹고살기 위해 감당해야 하는 노동의 무게는 전혀 줄지 않았을 뿐만 아니라 오히려 늘어났습니다. 도대체 왜 그렇게 된 것일까요?

그것은 바로 자본주의가 만들어 낸 것이며, 개미와 베짱이가 부를 어떻게 나누는가 하는 문제와 깊이 관련되어 있습니다. 앞에서 보았듯이 개미와 베짱이가 나누어 갖는 것은 하나의 동일한 원천, 즉 개미의 노동시간입니다. 그런데 이 개미의 노동시간은 노동력을 구매한 베짱이가 결정합니다. 그러면 베짱이는 개미의 노동시간을 어떻게 결정할까요?

베짱이가 결정한 노동시간

노동력의 교환은 '교환의 기적'을 목표로 한 것입니다. 즉 그것은 구매한 가치보다 더 큰 가치를 얻고자 하는 교환입니다. 베짱이가 결정하는 노동시간의 기준은 일차적으로는 노동력을 구매할 때 개미에게 지불한 가치입니다. 노동시간은 그 가치보다 더 길게 정할 거라고 예상할 수 있습니다.

노동력은 구매가 먼저 이루어지고 나서 비로소 소비가 이루어지는 구조로 되어 있습니다. 알바를 할 때도 우리는 시간당 임금이 정해진 상태에서 일을 시작합니다. 즉 베짱이는 이미 개미에게 지불하는 가치를 알고 있는 것이죠. 그렇다면 베짱이는 개미의 노동시간을 항상 이 가치를 넘어서도록 결정하면 됩니다. 그렇게 수행된 개미의 총 노동시간에서 베짱이는 임금을 뺀 나머지를 자신의 몫으로 챙깁니다. 개미와 베짱이는 이런 식으로 부를 나누어 갖습니다.

그러면 여기에서 문제를 하나 내겠습니다. 베짱이는 개미에게 지불하는 임금을 어느 정도나 넘겨서 노동시간을 결정할까요? 예를 들어 개미에게 지불되는 임금의 가치가 4시간의 노동시간에 해당한다고 합시다. 그러면 베짱이는 개미의 노동시간을 몇 시간으로 결정할까요?

자본주의가 시작되었을 때 얼마만큼으로 결정했는지 볼까요. 마르크스는 당시 영국의 일간지에 난 기사를 소개합니다.

1863년 6월 마지막 주, 런던의 모든 일간 신문은 '단순한 과도 노동에 기인한 사망'이라는 (……) 기사를 보도하였다. (그것은-지은이) 20세의 여성 모자 제조공 메리 앤 워클리의 사망 (에 대한 기사였다.-지은이) (……) 이 젊은 여성은 매일 평균 16시간 30분 동안 노동했으며, 더구나 성수기에는 30시간 동안이나 중단 없이 노동하곤 하였다. 그리고 과로로 그녀의 '노동력'이 마비될 때는 종종 셰리주나 포트와인 또는 커피를 먹여 가며 노동력을 되살려 내곤 하였다.(1권, 360~361쪽)

베짱이가 결정한 노동시간은 '사람이 죽을 때까지'였던 것입니다! 그 이유는 아주 단순합니다. 아래의 도표를 보십시오. 총 노동시간을 구성하는 두 부분 가운데 한 부분이 미리 결정된 상태라면, 다른 한 부분의 크기는 전체의 크기가 커질수록 계속 커지게 됩니다. 즉 총 노동시간이 커질수록 베짱이가 챙겨 가는 몫이 커집니다.

만일 개미에게 지불되는 임금이 4시간일 때 총 노동시간이 8시간이라면 베짱이의 몫은 4시간이 되고, 총 노동시간이 10시간으로 늘어나면 6시간, 12시간으로 늘어나면 8시간, 14시간으로 늘어나면 10시간이 됩니다. 그래서 베짱이는 가능한 한 노동시

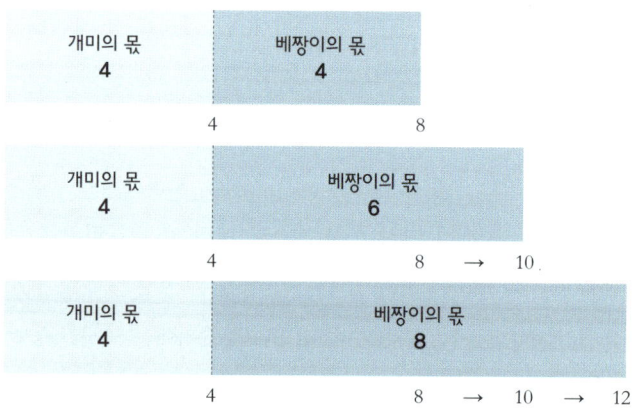

간을 최대한으로 늘리려 했던 것이고, 앞의 기사에도 나타나 있듯이 하루 24시간을 넘어 30시간 동안이나 잠을 재우지 않고 계속 노동을 시키는 일도 흔했던 것입니다. 그러나 인간은 기계가 아니고 일정한 생리적 한계를 가진 생물입니다. 이런 과도한 노동은 가엾은 여공의 경우처럼 생명을 앗아가 버립니다.

어떻게 죽을 때까지? 내가 아니니까!

아무리 그래도 사람이 죽을 때까지 노동을 시키는 것이 어떻게 가능했을까요? 그것은 바로 자본주의가 생산과 소비를 분리시키고 교환을 중심으로 하는 경제 체제가 되었기 때문입니다. 과거 생산과 소비가 일치하던 구조에서는 내가 소비할 부가 나 자신의 노동에 의해 만들어졌습니다. 사람들은 논밭에서 일을 하다가 힘들고 지치면 당연히 생산을 멈추었습니다. 소비도 노동도 모두 내가 하는 것이니까요.

그러나 생산과 소비가 분리되면 노동과 부가 분리됩니다. 베짱이에게는 부를 만들어 내는 노동이 나의 노동이 아니라 타인의 노동입니다. 당연히 노동에 의해 힘들고 지치는 것도 내가 아니라 타인입니다. 따라서 베짱이에게 그것은 전혀 문제가 되지 않습니다. 내가 힘든 것이 아니니까요. 일하다가 죽어도 말입니까? 그럼요, 당연히 문제가 안 되지요. 내가 죽는 것이 아니니까요.

노동시간만이 아닙니다. 2010년에 삼성전자 반도체 공장에서 일하다 백혈병으로 목숨을 잃은 노동자들의 유족과 투병 중인 노동자들이 법원에 소송을 제기했습니다. 자신들의 질병이 공장의 유해한 작업 환경과 관련이 있다는 점을 밝히기 위한 것이었습니다. 원래 이들은 회사에 문제를 제기했지만, 회사가 계속 작업 환경에 문제가 없다는 주장을 하자 결국 법정으로 갔습니다. 이처럼 일을 하다가 노동자가 질병에 걸리거나 목숨을 잃는 경우는 자본주의에서 흔한 일입니다. 그것은 바로 일을 시키는 사람과 일을 하는 사람이 다르기 때문입니다. 일을 하면서 부딪치는 위험이 일을 시키는 사람에게는 문제가 안 되는 것이지요.

일을 시키는 사람, 즉 베짱이에게 문제가 되는 것은 오로지 노동이 가져다줄 부의 크기뿐입니다. 그리고 그것은 개미의 노동시간이 늘어날수록 함께 커지는 것입니다. 자본주의에서 노동자의 건강이나 목숨에 개의치 않고 노동시간이 늘어나는 까닭은 바로 여기에 있고, 중세보다 노동시간이 오히려 늘어난 것도 바로 이 때문입니다. 개미의 노동시간은 베짱이에게 바로 돈이거든요. 마르크스는 이 점을 베짱이의 입을 빌려 다음과 같이 지적합니다.

1분 1초가 수익의 요소인 것이다.(1권, 345쪽)

자, 개미와 베짱이가 부를 어떻게 나누는지 이제 조금 알겠

〈빌딩 공사〉
루이스 하인, 1931년

노동자들이 위험을 무릅쓴 채 일하고 있다.
자본주의 사회에서 이런 일이 흔한 이유는 일을
시키는 사람과 하는 사람이 다르기 때문이다.

삼성전자 노동자 산업 재해 관련 뉴스

삼성전자 반도체 공장에서 일하던 노동자들이 각종 유해 화학 물질과
방사성 물질에 노출되어 백혈병으로 사망한 사건이 발생했다. 자본가가 경제적
효율만 생각하며 노동자를 위험한 상태로 몰아넣는 일은 오늘날에도 여전히
계속되고 있다. 이는 끝없는 이윤을 추구하는 자본가의 속성에서 비롯된 일이다.
사진은 SBS 뉴스 영상의 일부이다.

습니까? 부는 개미의 노동시간으로 이루어지지만, 그 노동시간을 결정하는 것은 개미가 아니라 베짱이입니다. 베짱이는 개미의 임금이 먼저 결정되고 난 뒤에 그보다 더 오랫동안 개미에게 일을 시킴으로써 자신의 몫을 만듭니다. 그런데 자신의 몫을 결정하는 이 노동시간은 베짱이에게 자신의 노동이 아니라 타인의 노동이며, 따라서 그것은 무한히 늘어나도 좋은 것입니다. 결국 개미의 노동시간을 무한히 늘리는 것, 그것이 바로 베짱이가 부를 나누는 방법이었던 것입니다.

자본주의 문명의 결과

그런데 개미가 죽을 때까지 일을 하는 이런 구조가 계속되면 어떻게 될까요? 우선 개미가 계속 죽으면서 개미의 수가 급격히 줄어듭니다. 개미는 필요하기만 하면 언제든 금방 만들어 낼 수 있는 붕어빵 같은 것이 아닙니다. 생물학적으로 일정한 기간이 소요되는 임신과 출산, 그리고 육체와 정신이 모두 웬만한 수준에 이를 때까지 성숙하는 과정이 필요합니다.

그러나 과도한 노동은 개미가 이런 과정을 제대로 거치기도 전에 너무 일찍 죽어 버리도록 만들었습니다. 실제로 1863년 4월 영국 하원에서 페런드라는 국회의원은 노동자들이 얼마나 급속히 소모되고 있는지 보고했습니다.

면직 산업은 90년의 역사를 가지고 있다. (……) 그런데 영국

〈공장에서 일하는 아이〉
루이스 하인, 1910년

미국의 버몬트 면직 공장에서 일하는 어린아이가 실 뽑는 기계 앞에 서 있다.
옷은 얼룩으로 더럽혀졌고 신발조차 신지 않았다.
밤낮없이 고된 노동에 시달리는 이 아이는 겨우 12살이었다.

에서 3세대가 지나는 동안 이 산업은 면직 노동자의 9세대를
삼켜 버렸다.(1권, 378쪽)

　당시 면직 산업은 영국의 주력 산업이었습니다. 앞에 인용한
말은 면직 공장에서 일하는 노동자들의 수명이 평균 수명의 3분
의 1에 불과하다고 증언하는 것입니다. 1840년에 작성된 영국
의회의 보고서도 랭커셔 지역 노동자들의 평균 수명이 겨우 15
세에 불과하다고 전하고 있습니다.* 참고로, 당시에는 대체로 6
살이 되면 노동을 시작했고 평생 학교는 가지 못했습니다.
　그런데 이처럼 개미가 죽고 나면 누구에게 일을 시키지요?
일 분 일 초가 수익의 요소인데, 그 수익을 만들 개미가 없어져
버리는 것 아닙니까? 게다가 베짱이는 스스로 부를 만들어 내지
못하지 않습니까?
　그래서 이런 방식은 계속될 수 없었습니다. 무엇보다 베짱
이 자신을 위해서도 계속될 수 없었습니다. 물론 개미들도 자신
들을 죽음으로 몰아가는 노동시간에 대해 격렬하게 저항했습니
다. 마침내 장시간 노동은 사회적으로 문제가 되고 규제가 만들
어졌습니다.
　1833년 영국에서 역사상 최초로 하루의 노동시간을 15시간,

---

* 엥겔스, 박준식·전병유·조효래 옮김(1988), 『영국 노동자계급의 상태』, 두리,
144쪽.

〈케닝턴 공원의 차티스트 집회〉
윌리엄 킬번, 1848년

노동자들이 함께 모여 노동시간을 줄일 것을 요구하고 있다.
이들은 자신들을 죽음으로 몰아가는 노동시간에 대해 격렬하게 저항했다.
그리하여 16시간을 넘던 노동시간이 16시간, 14시간, 12시간으로 차츰
줄어들었다. 이제 자본가는 자신의 이득을 늘리는 새로운 방법을 찾아야 했다.

청소년에게는 12시간으로 규제하는 법률이 만들어졌습니다. 이 법을 공장법이라고 하며, 우리나라에서 근로 기준법이라고 부르는 노동법의 모태가 바로 이것입니다. 오늘날 우리는 하루 8시간의 노동시간을 당연시하는데, 그것은 이 공장법이 계속 발전하여 국제적인 기준으로까지 정착했기 때문입니다. 그러나 우리가 이미 보았듯이 이렇게 규제된 현재의 노동시간조차 사실은 중세 농노의 노동시간보다 더 깁니다. 거의 200년 전부터 규제가 이루어졌는데도 오늘날의 노동시간은 암흑기라 불리던 시대보다 더 긴 것입니다.

아무튼 베짱이가 개미의 노동시간을 무한히 늘리는 방식은 한계에 부딪쳤습니다. 당연히 베짱이의 몫도 한계에 부딪쳤습니다. 베짱이는 새로운 방법을 찾아야만 했습니다. 그리하여 자본주의는 또 하나의 신화를 만들어 내는데, 그것은 문명을 거스르는 또 다른 야만으로 나아가게 됩니다.

시간을 줄여라, 그것도 돈이다! 8

베짱이의 몫을 늘리는 새로운 방법

개미의 노동시간을 무한히 늘리는 형태로 부를 더 많이 차지하려 했던 방식이 생물학적 조건 때문에 한계에 부딪치자, 베짱이는 새로운 방법을 찾아내고자 했습니다. 거기에는 단 한 가지 가능성밖에 없었습니다. 아래 도표를 잠깐 보십시오.

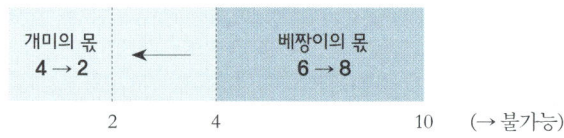

부를 나누는 방식이 베짱이에 의해 결정되고, 베짱이가 자신의 몫을 늘리기 위해 오른쪽으로 노동시간을 늘리는 것이 불가능해졌다면, 이제 남은 방법은 왼쪽으로 방향을 틀어 개미의 몫을 줄이는 방법뿐입니다. 마르크스는 그것을 이렇게 말하고 있습니다.

노동자가 사실상 지금까지 자신을 위하여 소비하던 노동시간의 일부가 자본가를 위한 노동시간으로 전화한다.(1권, 438쪽)

노동시간을 늘리는 것도, 그리고 줄이는 것도 모두 베짱이의 몫을 키우는 방법인 것입니다. 그런데 개미의 몫을 어떻게 줄일 수 있을까요?

개미의 몫, 즉 임금은 노동력을 처음 거래할 때 결정됩니다. 이 임금의 크기는 어떻게 결정될까요? 우리가 일하던 식당에서 "나, 이제 안 해!" 하고 사장의 면상에 제복을 집어 던질 수 없는 까닭이 무엇이던가요? 목구멍이 포도청이기 때문이었습니다. 즉 개미가 어쩔 수 없이 자신의 노동력을 파는 까닭은 먹고살기 위해서입니다. 그래서 베짱이는 개미가 먹고살 만큼의 액수만 임금으로 지급하려 합니다. 이 액수를 우리는 보통 '생계비'라고 하지요.

베짱이의 새로운 방법은 바로 생계비를 줄임으로써 개미에게 지급하는 비용을 줄이는 것입니다. 그런데 이 생계비를 어떻게 줄인단 말입니까? 하루 세 끼를 먹던 개미를 갑자기 두 끼만 먹게 할 수는 없지 않습니까? 물론 그럴 수는 없지요. 그렇다면 어떤 방법이 있을까요?

먼저 생계비의 크기가 어떻게 결정되는지 봅시다. 생계비는 개미가 먹고사는 데 필요한 물건들의 가격을 합해서 결정됩니다. 따라서 개미의 몫을 줄이는 방법은 바로 이 생활필수품의 가격을 떨어뜨리는 데 달려 있습니다. 그러면 생활필수품의 가격은 어떻게 떨어뜨릴 수 있을까요?

간단한 방법이 있답니다. 개미들의 생활필수품으로 외국에서 값싼 물건들을 수입하는 방법입니다. 슈퍼마켓에 한번 가 보십시오. 먹을거리 가운데 중국산이 아닌 것을 찾기가 어려워지고 옷가지도 국내산을 찾아보기가 어려워지지 않았습니까? 이처럼 값싼 생활필수품을 수입하면 개미들의 생계비가 하락하고, 그러면 개미들의 몫인 임금을 줄일 수 있게 됩니다. 이때 개미의 전체 노동시간이 변하지 않아도, 즉 나누어야 할 부의 크기가 변하지 않아도 베짱이의 몫은 당연히 늘어나겠지요. 이것이 바로 베짱이가 새롭게 찾아낸 방법입니다.

그런데 값싼 수입품으로 대체하는 것에도 한계가 있습니다. 아무리 외국에서 값싸게 수입한다 해도 공짜로 가져올 수는 없지 않겠습니까? 이 방법도 계속 사용할 수 있는 방법은 아닙니다.

도구의 진화와 노동시간의 역설

한계가 없는 방법, 무한히 계속할 수 있는 방법, 그런 것은 없을까요? 베짱이의 고민이 깊어졌습니다. 의지의 한국인, 아니, 의지의 베짱이는 결국 해답을 찾아냈답니다. 해답은 개미의 몫을 줄이는 그 방법 속에 이미 있었습니다. 여기서 자본주의는 또 하나의 신화를 만들고 인류의 문명을 다시 야만의 방향으로 뒷걸음질하게 만듭니다. 이것은 문명과 관련하여 우리가 오해하고 있는 또 하나의 중요한 현상이기도 합니다.

　원래 인류가 생존의 우리를 벗어날 수 있었던 중요한 계기는 손에 도구를 쥐게 되면서 마련되었습니다. 인간의 팔 길이는 1미터가 못 되며, 따라서 인간은 자기 키보다 1미터 이상 높은 곳에 매달린 열매를 딸 수 없습니다. 그러나 손에 나무 막대기를 쥐게 되면서 인간은 자신의 키보다 훨씬 높이 매달린 열매도 딸 수 있게 되었습니다. 도구를 사용함으로써 인간은 신체적 한계를 넘어서게 되었으며, 나아가 생존의 우리를 벗어나게 되었습니다. 즉 도구를 통해서 인간은 먹고사는 데 필요한 노동시간을 줄이고 여가시간을 얻을 수 있었습니다. 따라서 도구는 흔히 문명의 척도로 얘기되곤 합니다.

　실제로 인류의 역사를 보면 도구는 끊임없이 진화하고 인간의 노동시간을 줄여 주었습니다. 가끔 북한을 소개하는 텔레비전 프로그램을 보면, 도로나 제방을 건설하는 데 엄청나게 많은 사람들이 동원되어 삽과 곡괭이로 땅을 파고 흙이나 모래를 손수레로 운반하는 모습이 비치곤 합니다. 그러나 우리나라에서는 토목 공사를 할 때 삽이나 곡괭이 대신 포클레인으로 땅을 파고 트럭으로 흙과 모래를 운반합니다. 이런 장면을 보면서 우리는 당연히 우리가 북한보다 문명화된 사회에 살고 있다고 확신하게 됩니다. 우리가 사용하는 도구가 북한의 도구보다 훨씬 진화한 것이니까요.

　그런데 정말 그럴까요? 도구가 더욱 진화하면 문명도 더욱 발전하는 것일까요? 여러분, 한번 같이 생각해 봅시다. 우리나라도 1960년대에는 북한처럼 손이나 곡괭이, 그리고 리어카라고 부르던 손수레를 써서 토목 공사를 했습니다. 그런데 그때보다 훨씬 진화한 도구를 사용하는 지금, 토목 공사 노동자들의 노동 시간은 어떻게 되었을까요?

지금 제가 살고 있는 동네는 원래 공군 비행장이었는데, 비행장을 폐쇄하고 민간에서 새로운 시가지로 개발하고 있는 지역입니다. 당연히 곳곳에서 공사가 진행되어 온종일 각종 건설 장비와 토목 장비의 소음이 요란합니다. 그래서 제가 사는 아파트에서는 반상회 결의를 통해 구청에 집단 민원을 제기했습니다. 소음이 새벽 일찍부터 밤늦게까지 시도 때도 없이 지속될 뿐만 아니라 평일은 물론 주말과 휴일에도 예외가 없기 때문입니다. 참고로, 새벽은 오전 6시이고 늦은 밤은 오후 10시를 가리킵니다. 다행히 민원이 받아들여져 아침 소음은 오전 7시부터, 저녁 소음은 오후 6시 정도로 제한되었습니다. 이 사례를 통해 우리는 건설 노동자들이 꼭두새벽부터 밤늦게까지 일한다는 것을 쉽게 알 수 있습니다. 휴일도 없이 말입니다.

그나마 이것은 공사 현장 가까이에 주거지가 있어서 제한이 가해지는 경우입니다. 인근에 주거지가 없어서 민원이 제기되지 않는 곳에서는 야간에도 아무렇지 않게 작업이 강행됩니다. 신문에도 벌써 여러 번 보도되었듯이, 4대강 사업에서 많은 노동자들이 무리한 야간작업 일정에 쫓겨 쉬지도 못하고 일하다가 목숨을 잃었습니다. 한 국회 의원의 조사에 따르면, 하루에 17시간을 노동하는 경우도 발견됐으며 2011년 1월~4월에만 무려 11명이 사망했습니다.

그런데 이처럼 노동자들의 목숨을 희생시켜 가며 강행되는 공사가 이루어지는 곳은 도구가 덜 진화한 북한이나 1960년대의 우리나라가 아닙니다. 최신 장비를 갖추고 이미 선진국 반열에 들어선 21세기의 대한민국입니다. 무엇이 야만인 것일까요? 도구의 진화는 과연 우리에게 어떤 의미가 있는 것일까요?

포클레인과 덤프트럭은 삽이나 곡괭이, 손수레가 할 수 있는 작업량의 수십 배를 해냅니다. 도구의 진화가 분명하지요. 또한 그것은 당연히 노동자의 노동시간을 줄여 줍니다. 10명이 10시간 이상 걸려 채우던 작업량을 덤프트럭 한 대로 단숨에 수행할 수 있습니다. 이처럼 도구의 진화는 분명 노동시간을 줄일 수 있는데, 정작 노동자들의 노동시간은 왜 줄지 않는 것일까요?

그것은 바로 자본주의에서 교환의 기적, 다시 말해 교환을 통해 부를 늘리는 베짱이의 마술과 관련이 있습니다. 개미의 노동시간을 무한히 늘리는 방식이 더는 통하지 않게 되자 베짱이가 새롭게 찾아낸 방식, 즉 개미의 몫을 줄이는 바로 그 방식과 관련된 것입니다.

도구의 진화 속에 숨은 진실

어떻게 된 영문일까요? 자본주의에서도 도구는 진화하고, 도구의 진화는 당연히 노동시간을 줄입니다. 그런데 그것은 노동자의 임금을 줄이는 데만 사용되고, 노동자의 노동시간을 줄이는 데는 사용되지 않습니다. 수수께끼 같은 말인가요?

사실 내용은 간단합니다. 앞에서 임금은 개미들의 생계비로서 생활필수품의 가격을 합한 것이라고 했지요. 그런데 도구가 발달할수록 어떤 물건을 생산하는 데 들어가는 시간은 줄어듭니다. 그럼에도 이것을 개미의 노동시간을 줄이는 데 활용하는 것이 아니라 생활필수품의 가격을 떨어뜨리는 데만 사용하는 것입니다. 이 점을 혼동하지 말라고 마르크스는 이렇게 당부하고 있습니다.

> 자본주의적 생산에서 노동 생산력의 발전을 통한 노동의 절약은 노동일(노동자들의 하루 노동시간을 가리키는 전문 용어입니다-지은이)의 단축을 목적으로 나온 것이 결코 아니다. 그것은 다만 일정 상품량의 생산에 필요한 노동시간의 단축을 목적으로 할 뿐이다.(1권, 447쪽)

자본주의에서는 물건값을 떨어뜨리는 이런 도구의 진화를 흔히 '생산력의 발전'이라고 표현합니다. 우리는 바로 그런 경우를 일상적으로 경험하고 있습니다. 여러분, 컴퓨터나 휴대 전화의 가격이 시간이 지나면 처음 출시될 때보다 얼마나 떨어지는지 잘 알지요? 그런데 여기에도 한계가 있지는 않을까요? 물건 가격이 계속 떨어져서 영이 되면 더 이상 떨어지지 않는 것 아닐까요?

그러나 우리가 현실에서 경험하듯이 생산력의 발전에는 아직 한계가 드러나지 않고 있습니다. 기존 제품의 가격이 떨어지면 신제품이 나옵니다. 신제품은 새로운 가격을 만들고, 또 시간이 지나면 가격이 떨어집니다. 이 같은 방식이 반복되지요. 10만 원 하던 휴대 전화 가격이 8만 원으로 떨어지면 곧 새로운 휴대 전화가 나옵니다. 이는 가격을 15만 원으로 만들고, 이 휴대 전화의 가격이 10만 원으로 떨어지면 또 새로운 제품이 나옵니다. 휴대 전화 가격을 20만원으로 올려놓고……. 결국 물건 가격의 하락은 끊임없이 계속될 수 있습니다.

그런데 이처럼 생활필수품의 가격 하락으로 개미의 몫을 줄임으로써 베짱이의 몫을 늘리는 방식에는 처음부터 전제가 있습니다. 개미와 함께 나누어야 할 부의 전체 크기, 즉 개미의 총 노동시간은 변하지 않아야 한다는 것입니다. 애초 도구의 진화가 개미에 의해 이루어지는 것이 아니라 베짱이에 의해 이루어지고, 베짱이의 목적은 자신의 몫을 늘리는 데 있기 때문입니다.

따라서 이런 구조에서 도구의 진화가 줄이는 노동시간은 오로지 개미의 몫을 줄이는 데만 사용될 뿐, 개미의 총 노동시간을 줄이는 것과는 아무런 상관이 없습니다. 분명히 도구의 진화가 이루어지는데도 개미의 노동시간이 전혀 줄지 않는 이유가 바로 여기에 있습니다.

〈세기의 진보〉

쿠리에와 이브, 1876년

기관차, 증기선, 전보 통신 등 새로운 기술이 우리의 삶을
윤택하게 하리라는 기대감이 반영된 그림이다. 기술의 진보는
행복한 미래를 보장하는 것으로 여겨졌다. 그러나 그 어느 때보다
기술이 발전한 오늘날, 우리의 삶은 정말 더 만족스러워졌는가?
과연 기술의 발전은 그 자체로 우리 삶의 질을 더 높여 주었는가?

이처럼 자본주의에서 도구의 진화는 인류가 노동에서 점차 해방되어 가는 문명의 방향과는 거리가 먼 것입니다. 오죽하면 베짱이들 편에 서 있던 경제학자마저도 이렇게 말할까요?

　　지금까지 이루어진 모든 기계의 발명이 과연 인간의 일상적 노고를 덜어 준 것인지 참으로 의문스럽다.(1권, 506쪽)

9 대물림을 위한
은밀한 장치

개미와 베짱이의 대물림

경제학과를 지망한 학생들 중에는 부자가 되는 것을 목표로 하는 학생들이 적지 않습니다. 물론 아직 세상 물정을 깨우치기 전인 고등학생 시절에 품은 꿈일 것입니다. 아무튼 그 간절한 열망은 대학에 와서 현실의 벽을 느끼면서도 쉽게 지울 수는 없지요. 그래서 약간 짓궂은 마음으로 한번 물어보았습니다.

"여러분이 우리나라에서 가장 부러워하는 사람은 누구입니까?"

그랬더니 놀랍게도 대부분이 똑같은 대답을 했습니다. (어쩌면 별로 놀라운 일도 아니지요.) 삼성 그룹의 후계자 이재용 씨였습니다. 물론 이유는 단 한 가지! 우리나라에서 거의 최고의 부자라는 점 때문입니다. 이어서 한 가지를 더 물어보았습니다.

"이재용 씨는 어떻게 해서 여러분이 그토록 부러워하는 부자가 되었을까요?"

어떤 답이 나왔을 것 같습니까? 당연한 답이 돌아왔습니다.

"아버지를 잘 만나서지요!"

"그렇다면 이재용 씨의 아버지인 이건희 회장은 어떻게 부자가 되었을까요?"

같은 답이 반복되었습니다.

"역시 아버지를 잘 만나서입니다!"

여러분, 우리가 사는 자본주의라는 경제 구조에서 부자들은 대물림을 합니다. "부자 삼대 없다!"라는 속담은 이제 개미와 베짱이의 우화와 마찬가지로 흘러간 옛 노래에 불과합니다. 대물림은 베짱이들에게만 있는 것이 아닙니다. 개미도 대물림을 합니다. 여러분 가운데 부모님이 개미가 아닌 분이 몇 명이나 됩니까? 그리고 그 부모님의 부모님 가운데 개미가 아닌 분은 다시 몇 명이나 되겠습니까? 대물림은 개미와 베짱이 모두가 하는 것입니다.

그래서 제 마음이 미어지듯 아픈 일이지만 여러분에게 진실을 말하지 않을 수 없습니다. 여러분의 부모님이 개미라면 여러분이 부자가 될 가능성은 별로 없습니다. 우리 경제학과 학생들에게도 저는 같은 얘기를 해 줍니다. 교수가 학생에게 거짓말을 할 수는 없는 일이니까요. 그러나 제 얘기가 부자의 달콤한 꿈에 젖어 있는 학생들에게는 얼마나 쓰라린 말이 될까요?

설 무렵이 되면 신문에 세뱃돈을 잘 관리하도록 어린이들에게 경제 교육을 시켜야 한다는 기사가 실리곤 합니다. 바로 이런 기사가 어린이들에게 "너희도 누구나 잘만 하면 부자가 될 수 있단다."라며 달콤한 꿈을 퍼뜨리고 있습니다. 게다가 최근 재벌들의 이익 단체인 전경련*에서는 부자인 자신들이 경제를 직접 가르쳐 주겠다며 중·고등학교의 교과서를 개정하는 데 앞장서고 있습니다. 서울에 있는 어느 여자대학에서는 부자연구센터라는 것을 만들어 '부자학'이라는 과목을 개설하기도 했습니다.

자, 여러분. 여기에 두 가지 얘기가 있습니다. 하나는 개미와 베짱이가 대물림을 하는 것이라서 이미 자신의 부모님이 개미라면 부자가 될 수 없다는 얘기입니다. 다른 하나는 "아냐, 잘만 하면 부자가 될 수 있어!"라는 속삭임입니다. 앞의 얘기는 쓰디쓴 것이고, 뒤의 얘기는 달콤합니다. 어쩔 수 없이 뒤의 얘기에 더 마음이 끌리지요? 당연한 일입니다. 그러나 여러분, 잊지 마십시오. 달콤한 음식은 몸을 망치고 쓰디쓴 약은 몸을 이롭게 하는 법이랍니다.

사실 실망도 실망이지만 화도 납니다. "아니, 어째서 나는 부자가 될 수 없다는 거야? 나도 열심히만 하면(또는 잘만 하면) 부자가 될 수 있어야 하는 것 아닌가?" 우리 가슴속에서 솟아오르는 이 안타까운 의문에 대하여 지금부터 진실을 찾아가 보기로 합시다.

* 전국경제인연합회를 줄여서 부르는 말로, 우리나라에서 기업 규모가 30등까지인 대기업 자본가들의 모임입니다.

누구나 부자가 될 수 있다는 달콤한 거짓말

다시 정리해 봅시다. 우리는 개미와 베짱이의 운명이 뒤바뀐 수수께끼에서 출발했습니다. 우리는 이 수수께끼가 자본주의라는 독특한 경제 구조에서 비롯된 것임을 밝혔습니다. 즉 생산과 소비가 분리되고 이들 사이에 교환이 개입한 구조에서 비롯되었으며, 이 교환이 이상한 교환이라는 사실을 밝혔습니다. 교환은 원래 같은 것끼리 바꾸는 것입니다. 그런데 개미와 베짱이 사이의 교환에서는 항상 개미가 손해를 보는 교환이 이루어집니다. 개미가 이런 손해 보는 교환을 하는 이유는 "어쩔 수 없어서"입니다. 개미가 어쩔 수 없는 까닭은 부를 만들어 내기 위해 필요한 요소 가운데 그가 가지고 있는 것은 노동력 하나뿐이기 때문입니다. 나머지 요소인 설비나 원료, 즉 생산수단을 구입할 자본을 갖고 있지 못해서입니다.

마르크스가 보았던 혁명은 개미가 바로 이 손해 보는 교환을 그만두기 위해 "나, 이제 안 해!"라고 하면서 버스에서 내리려고 한 집단행동이었습니다. 개미들에게는 분명한 행동의 목표가 있었습니다. 손해 보는 교환을 그만두기 위해서는 생산수단을 가져야 했고, 그것을 위해 자본이 필요했습니다. 실제로 혁명이 처음 성공했을 때는 유럽 곳곳에서 개미들이 자본을 함께 나누어 갖기도 했습니다. 개미가 모두 자본가로 변신한 것이지요. 오늘날에도 우리는 가끔 노동자들이 직접 자본을 소유한 기업을 볼 수 있는데, 이런 기업을 생산자 협동조합* 또는 종업원 지주 회사**라고들 합니다.

그러나 이 혁명은 실패로 끝났습니다. 이것은 답이 아니었던 것이지요. 개미들이 모두 자본가가 되는 것은 불가능했던 것입니다. 오늘날 우리가 가끔씩 보는 사례들은 극히 예외적인 형태로만 존재할 수 있답니다.

마르크스는 이 혁명이 실패한 원인을 찾으려 했으며 『자본』에서 해답을 제시하고 있습니다. 미리 말하자면, 개미들이 모두 자본가가 될 수 없는 이유, 그것은 개미와 베짱이가 대물림되는 자본주의의 구조 속에 숨겨져 있습니다. 자본주의에서 개미가 부자가 될 수 있다는 얘기는 거짓말입니다. 세뱃돈을 관리하는 경제 교육도, 전경련과 부자학의 얘기도 모두 거짓말입니다. 거짓말이기 때문에 이런 얘기들은 더욱 달콤하지요.

사실 자본주의에서 개미가 부자가 될 수 있다는 얘기가 거짓말이라는 것은 마르크스의 설명 없이도 쉽게 확인할 수 있습니다. 이 얘기가 사실이라면 우리나라는 이미 부자들로 넘쳐나야 할 것입니다. 전경련의 경제 교육이 시작되고 그 교육의 내용을 담은 책들이 서점가의 베스트셀러 코너를 점령한 지 벌써 10년이 넘었고 그동안 팔린 책들만 수천만 부에 달하기 때문입니다. 재테크의 원조가 되었던 『부자 아빠 가난한 아빠』라는 책은

---

* 회사 전체를 노동자들이 공동으로 소유한 기업을 말합니다.
** 회사의 주식을 자본가가 노동자들에게 조금 나누어 준 기업을 말합니다.

2000년에 출판되어 6년 동안 300만 부가 넘게 팔렸답니다. 그러나 주변을 돌아보십시오. 우리나라에서 계속 늘어나는 것은 가난한 개미들이지, 부자가 아닙니다. 그러면 마르크스의 설명을 따라가 볼까요.

부자가 되려면

여러분, 먼저 부자가 어떤 사람을 가리키는지 한번 생각해 봅시다. 우리는 어떤 사람을 부자라고 부르지요? 우리나라에도 소개된 책 『오래된 미래』의 저자인 헬레나 노르베리 호지가 경험한 얘기를 해 보겠습니다.* 이분이 1975년 당시 세계에서 가장 주민 소득이 낮은 지역으로 손꼽히던 인도 북부 히말라야에 있는 조그만 마을 라다크를 방문했더랍니다. 그녀가 그곳을 방문한 까닭은 빈곤 문제를 조사하기 위해서였습니다. 그녀는 마을 어귀에서 한 청년을 만나 그에게 이렇게 물었답니다.

"이 마을에서 가장 가난한 사람이 사는 집을 보고 싶은데 소개해 주시겠어요?"

그랬더니 그 청년이 무슨 말인지 얼른 이해하기 어렵다는 얼굴로 고개를 갸웃하더니 이렇게 말하더랍니다.

"가난한 사람이라고요? 우리 마을에는 가난한 사람이 없는데요?"

* 한겨레신문, 2006년 5월 2일자.

그런 일이 있고 나서 18년 뒤, 그녀는 다시 라다크를 방문할 기회가 생겼습니다. 그런데 이번에는 마을 어귀에서 어떤 젊은 이가 관광객을 붙잡고 이렇게 말하는 광경을 목격했답니다.

"도와주십시오. 우리는 너무 가난합니다."

18년 동안 무슨 일이 있었던 걸까요? 라다크가 개발이 된 것입니다. 오늘날 라다크는 신비로운 지상 낙원을 떠올리는 오지로서 많은 관광객들이 찾는 곳이 되었습니다. 라다크는 무인도처럼 고립되어 있다가 관광지로 개발되면서 바깥세상과 교류하게 되었고, 비로소 자신들이 가난하다고 느끼게 된 것입니다.

여러분, 부자라는 말은 상대적인 개념입니다. 즉 남보다 잘사는 사람을 부자라고 합니다. 그래서 무인도처럼 고립된 라다크에는 부자도 없고 가난한 사람도 없었던 것입니다. 비교할 타인이 존재하지 않았으니까요. 그러나 개발이 되면서 외부에서 흘러들어 온 사람들이 기존의 라다크 주민들로 하여금 부를 비교하게 만들었습니다. 그래서 라다크에 가난이 만들어졌습니다.

자본주의는 교환이 중심이 되어 있는 경제 구조입니다. 교환에는 반드시 상대가 있습니다. 따라서 자본주의에서 부자라는 것은 교환의 상대보다 부자라는 것을 뜻합니다. 그런데 애덤 스미스*를 비롯한 고전 경제학이 밝혀냈듯이 부는 인간의 노동에

* 경제학의 방법과 용어를 만들었고, 산업 혁명의 이론적인 기초를 다졌습니다. 애덤 스미스는 상품의 가치는 그 상품을 생산한 노동에서 나온다는 노동가치설을 주장했습니다. 저서에 『국부론』이 있습니다.

개발되고 있는 라다크

인도 북부 히말라야의 오지에 있는 마을 라다크.
부자도 가난한 사람도 없던 이곳이 관광지로 개발되면서 주민들은
타지에서 온 사람과 자신을 비교하게 되었고, 이를 통해 가난이 만들어졌다.
부를 비교하지 않는 아이들은 여전히 해맑다.

서 만들어집니다. 부의 크기는 노동시간에 따라 결정되고, 모든 사람의 시간은 자연이 공평하게 부여하고 있듯이 하루에 최대 24시간입니다. 이런 조건에서 부자가 되는 방법은 부를 한쪽에서 다른 한쪽으로 옮기는 방법뿐입니다. 즉 균등한 상태를 불균등한 상태로 만드는 것이지요.

아래 도표를 잠깐 보십시오. 한 사람의 노동이 교환을 통해 다른 사람에게로 옮겨집니다. 그러면 빼앗긴 사람의 부의 크기는 작아집니다. 반면 빼앗은 사람은 빼앗긴 사람보다 부자가 됩니다. 부의 실체는 결국 타인의 노동입니다. 자신의 노동이 아닌 것입니다. 그래서 부자가 된다는 것은 다름 아닌 타인의 노동을 빼앗는 것입니다.

우리는 타인의 노동을 빼앗는 이 과정이 곧 개미를 고용하여 개미에게 지불된 것보다 더 많은 노동을 시키거나(노동을 늘리는 방식) 개미의 임금을 줄이는 방식(노동을 줄이는 방식)으로 이루

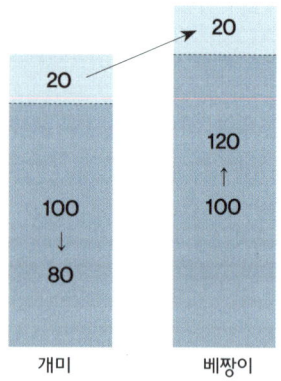

어진다는 것을 앞에서 살펴보았습니다. 마르크스는 이것을 베짱이 경제학자의 얘기를 빌려 전하고 있습니다.

> 노동자는 사람들을 부유하게 만들어 주기 때문에, 노동자가 많으면 많을수록 그만큼 부자도 많아진다. (……) 가난한 사람의 노동은 부자의 보물창고이다.(1권, 840쪽)

문제는 바로 여기에 있습니다. 자본주의에서 부자가 되려면 반드시 타인의 노동을 빼앗아야 하는데, 모든 개미들이 자본가가 되어 버리면 노동을 빼앗을 타인이 없어진다는 것을 뜻합니다. 그래서 모든 개미가 부자(또는 자본가)가 될 수는 없는 것입니다. 오늘날 생산자 협동조합이나 종업원 지주 회사에서 볼 수 있는 것처럼 개미 가운데 일부가 자본가가 될 수는 있습니다. 그러나 모든 개미가 그렇게 될 수는 없습니다. 이것은 문제에 대한 해답이 아닙니다. 그러면 어떤 해답이 있을 수 있을까요?

대물림은 인위적인 장치 때문

마르크스는 모든 개미가 자본가로 변신할 수 없는 까닭이 자본주의의 대물림 구조 속에 있다고 설명합니다. 대물림이 어떻게 이루어지기에 그런 것일까요?

개미는 불공평한 교환을 계속하고 싶어 하지 않습니다. 애초부터 누구는 개미가 되고 누구는 베짱이가 되도록 정해져 있는 것은 아닙니다. 자본주의가 처음 시작될 때 인위적인 과정을 거쳐 개미가 만들어졌지요. 이재용 씨가 부자인 까닭이 아버지를 잘 만나서 그렇다고는 했지만 그것은 하늘이 점지했기 때문은 아닙니다. 이재용 씨가 아버지를 잘 만났다는 말의 내용은 베짱이가 될 수 있는 수단인 자본을 물려주었기 때문입니다. 마찬가지로 개미도 아버지를 잘못(?) 만난 내용이 하늘이 내린 저주 때문이 아니라 아버지가 그에게 자본을 물려주지 못했기 때문입니다.

문제의 핵심은 바로 여기에 있습니다. 개미와 베짱이의 운명은 자본을 누가 인위적으로 차지하느냐에 달려 있는 것입니다. 대물림의 비밀도 여기에 있습니다. 그것은 하늘이 미리 점지해 둔 것이 아니라 인위적으로 이루어지는 것입니다. 그래서 이건희 회장은 이재용 씨에게 자본을 물려주기 위해 법을 어기기까지 했고, 법정에서 유죄 판결을 받기도 한 것입니다. 신이 점지해 주는 것이라면 법을 어길 필요가 어디 있었겠습니까?

알고 보면 이 대물림은 언제나 지속될 수 있는 것이 아닙니다. 자본을 누가 갖느냐에 따라 이재용 씨도 개미가 될 수 있고, 저도 또한 실수로(?) 갑자기 베짱이가 될 수 있는 것입니다. 바로 그렇기 때문에 베짱이들은 이런 위험을 피하기 위해 몇 가지 인위적인 장치를 만들어 두었으며, 자본주의에는 이 구조가 작동하고 있습니다. 우리 눈에 대물림처럼 보이는 것은 바로 이 인위적인 장치들 때문입니다.

그렇다면 개미가 자신의 운명을 바꾸기 위해서는 이들 인위적인 장치들을 바꿔야만 합니다. 그것이 바로 마르크스의 해답이었습니다. 그러면 대물림의 눈속임 뒤에 숨겨진 인위적인 장치들은 어떤 것일까요?

개미와 베짱이의 불공정한 교환이 이루어지려면 두 가지 조건이 필요합니다. 이는 자본주의가 처음 시작할 때의 조건이기도 합니다. 하나는 자본을 갖지 못한 개미가 있어야 하고, 다른 하나는 자본을 가진 베짱이가 존재해야 한다는 것입니다. 즉 개미가 계속해서 자본을 갖지 못해야 하고 베짱이가 계속해서 자본을 가져야 합니다. 베짱이들은 이를 위해 자본주의에 두 가지 장치를 만들어 두었습니다.

한 번 개미는 영원한 개미, 한 번 베짱이는 영원한 베짱이

먼저, 개미가 계속해서 자본을 갖지 못하게 만들기 위한 장치가 있습니다. 개미가 자본을 만들 수 있는 방법은 단 한 가지뿐입니다. 자신의 임금을 절약해서 모으는 방법입니다. 따라서 이 장치의 핵심은 개미가 돈을 모을 수 없을 정도로 임금을 주는 것입니다. 그러나 이것은 말처럼 쉬운 일이 아닙니다. 여기에는 상당한 기술이 필요한데, 이런 기술을 전문적으로 연구하는 학문까지 있습니다. 바로 경영학이라는 것이지요. 베짱이들이 어떤 기술을 고안했는지는 다음 장에서 다루도록 하겠습니다.

다만 여기서는 한 가지만 얘기해 두고자 합니다. 베짱이는 개미에게 임금을 생계비에 거의 근접하게 지불합니다. 이것은 임금이 개미의 노동량과는 무관하게 결정된다는 것을 뜻합니다. 임금 중에는 노동량과 비례하는 것처럼 보이는 임금이 있지만 이것은 눈속임일 뿐입니다. 이것도 다음 장에서 다룹니다. 어쨌든 임금이 생계비에 근접할 정도로만 지불된다면 개미는 임금을 절약해서 자본을 모을 여유가 없을 것입니다. 따라서 언제나 개미로만 남게 됩니다. 개미의 대물림이 이루어지는 것이지요. 마르크스는 이에 관한 베짱이들의 얘기를 인용합니다.

> 노동자들을 굶어 죽지 않게 하는 것도 중요하지만, 그들에게 저축할 만한 가치가 있는 것을 아무것도 주지 말아야 하는 것도 매우 중요하다. (……) 자신들이 벌어들인 것을 모두 지출해야만 한다. (……) 일하는 사람을 부지런하게 만들 수 있는 유일한 요인은 적당한 임금이다.(1권, 840쪽)

다음으로는 베짱이가 계속해서 자본을 갖게 만드는 장치가 필요합니다. 그런데 이 장치는 벌써 교환의 구조 속에 만들어져 있습니다. 베짱이는 개미에게서 부를 이전받습니다. 이 부를 모두 소비하지 않고 남기면 그것은 다시 자본이 됩니다. 사실 베짱이는 개미에게서 넘겨받는 부를 모두 소비하기도 어렵습니다. 왜냐하면 베짱이는 대개 개미를 한 명이 아니라 여러 명 고용하거든요.

예를 들어 2010년 기준 삼성 그룹의 전체 종업원은 약 20만

명이고 이들 종업원의 평균 연봉은 약 3,400만 원에 달하고 있습니다.[*] 그런데 우리나라에서 개미가 베짱이에게 넘기는 부의 비율은 6장에서 예로 든 택시 기사의 경우를 보면 약 2배에 달합니다. 택시 기사는 한 달에 210만 원의 사납금을 바치고 월급은 70만 원을 받아감으로써 140만 원을 베짱이에게 넘겨줍니다. 이 비율은 모든 영역에서 비슷하게 나타나는 경향이 있습니다. 따라서 이 비율을 적용해 보면 삼성 그룹의 종업원 1명이 1년에 회사에 이전하는 부의 크기는 약 7천만 원이고, 이를 종업원 전체의 금액으로 합산하면 약 14조 원이나 됩니다.

그런데 일 년에 이런 어마어마한 액수를 베짱이가 모두 소비하는 것이 가능할까요? 현실적으로 불가능할 것입니다. 그리고 베짱이는 자신이 노동하지 않고 개미의 노동을 빼앗을 수 있는 힘이 바로 자본 덕분이라는 사실을 잘 알고 있습니다. 그래서 베짱이들은 개미에게서 빼앗은 부를 흥청망청 쓰지 않고 다시 개미를 고용할 수 있는 자본으로 활용하고자 합니다. 그래서 자본주의가 처음 시작될 때 베짱이들은 근검절약을 최고의 가훈으로 삼았습니다.

금욕은 부르주아의 덕목이다.[**]

[*] 연합뉴스, 2011년 6월 30일자.
[**] 막스 베버, 박성수 옮김(2004), 『프로테스탄티즘의 윤리와 자본주의 정신』, 문예출판사, 137쪽 주 84.

그런데 잠깐! 이 말은 우리에게 약간 오해를 불러일으킬 수 있겠지요? 실제로 주변을 돌아보면 베짱이들의 사치와 향락이 자주 목격되니까 말입니다. 이건희 회장은 자가용으로 마이바흐(판매가 8억 5천만 원)라는 자동차를 이용합니다. 그 밖에 그냥 취미로 부가티 베이론 EB 16.4라는 자동차를 약 60억 원에 사들였습니다. 현재 세계에서 가장 비싼 동시에 가장 빠른 차로 알려진 이 차는 최고 속도가 시속 약 430킬로미터라고 합니다. 그래서 마르크스는 우리의 오해를 막기 위해 다음과 같은 말을 덧붙이고 있습니다.

고전적인 자본가는 개별적 소비(사치와 향락을 가리킵니다―지은이)를 자본가의 직분에 반하는 죄악이자 축적을 '억제하는 행동'으로 낙인을 찍지만, 근대화된 자본가는 축적을 자신의 향락욕에 대한 '금욕'으로 이해할 수 있게 된다. 아! 그의 가슴에는 서로 떨어지고 싶어 하는 두 개의 영혼이 살고 있구나! (……) 개별 자본가의 가슴속에는 축적의 충동과 향락의 충동이 파우스트의 갈등처럼 동시에 전개된다.(1권, 812~813쪽)

여기에서 잠깐 얼굴을 비치는 '축적'이라는 말은 베짱이가 개미에게서 빼앗은 부를 모두 소비하지 않고 남겨서 자본으로 바꾸는 것을 가리키는 말입니다. 어쨌든 베짱이는 근검절약만 하는 것이 아니라 사치와 향락에도 충실합니다. 다만 사치와 향락을 하면서도 베짱이는 축적의 본분을 결코 잊지 않습니다. 그리하여 베짱이는 먼저 자본을 이용해 개미의 노동을 빼앗은 다음, 이 가운데 일부를 다시 자본으로 사용해 또다시 개미의 노동을 빼앗게 됩니다.

개미는 자신의 노동으로 자본을 만들어 주는 셈이고, 자본은 스스로 자본을 만드는 셈입니다. 자본이 계속해서 자본을 새끼치는 방식, 바로 그것이 베짱이의 대물림 속에 숨겨진 인위적인 장치입니다. 이 점을 잊지 않도록 베짱이 집 안의 거실에는 다음과 같은 가훈이 걸려 있습니다.

돈은 번식력을 갖고 결실을 맺는 성격을 가진다는 점을 잊지 말라. 돈은 돈을 낳을 수 있으며 그 새끼가 또다시 번식해 나간다. (……) 돈이 많으면 많을수록 돈은 더욱 늘어나며 (……) 5실링의 화폐를 사장시키는 자는 그 돈으로 생산될 수 있던 모든 것, 즉 수천 파운드를 없애는 것이다.[*]

자, 이제 베짱이가 대물림을 할 수 있는 장치가 무엇인지 알게 되었습니다. 그런데 이 장치는 얼마나 오래 작동하는 것일까요? 영원히 작동하는 것일까요? 만일 그렇다면 개미와 베짱이의 뒤바뀐 운명은 영원히 지속되고 『자본』이라는 책도 만들어지

---

[*] 막스 베버, 박성수 옮김(2004), 『프로테스탄티즘의 윤리와 자본주의 정신』, 문예출판사, 35쪽.

〈삼등 선실〉

앨프리드 스티글리츠, 1907년

선박 위층은 부유한 이들, 아래층은 가난한 이들로 극명하게 나뉜다.
한가운데 이동로는 마치 이들 둘을 가르는 것처럼 보인다. 자본주의 사회에서는
인위적인 대물림 장치가 작동해 부유한 이들과 가난한 이들을 계속 갈라놓는다.

지 않았을 것입니다.

그러나 그렇지 않습니다. 이 장치는 신이 만든 것이 아닙니다. 인간이 만든 것입니다. 인간이 만들었다는 것은 인간에 의해 교체될 수 있다는 뜻입니다. 그렇지만 어떤 장치를 교체하기 위해서는 당연히 그 장치의 결함이 드러나야 합니다. 동시에 그 결함을 고칠 방법이 제시되어야 합니다. 『자본』이 판도라의 상자인 까닭은 바로 이 결함과 그것을 고칠 방법을 모두 찾아냈기 때문입니다. 다음 장에서는 개미의 대물림 장치와 그것을 고칠 방법을 함께 알아봅시다.

내 봉급은
왜 이리 적을까?

10

자, 개미의 대물림 장치에 대해서 알아볼까요. 바로 임금 애기입니다. 사실 임금은 개미들에게 그야말로 애증이 교차하는 대상입니다. 모두들 월급날만 애타게 기다리지만(유일한 희망!) 막상 월급 명세서를 받고선 한숨을 쉬게 됩니다(그러고는 절망!).

제가 본격적인 직장 생활을 시작한 곳은 한국전력공사였습니다. 대학원 졸업 학력으로 입사했지만 특별한 대우는 없고 호봉만 조금 높은 편이었습니다. 입사한 뒤 첫 달 봉급을 받았는데 참 보잘것없었습니다. 아무튼 아직 말단 직원이어서 같은 사무실에 근무하던 다른 분들의 월급 명세서를 총무과에서 한꺼번에 타다 나눠 주었습니다. 그런데 같은 방에 근무하던 과장님 월급 명세서를 봤더니 제 봉급의 거의 3배나 되지 않겠습니까? 눈이 휘둥그레졌지요. 그래서 과장님에게 월급 명세서를 건네주면서 부러움을 섞어 "아니, 이렇게 많은 봉급을 받아서 다 어디에 쓰십니까?"라고 한마디를 했답니다. 과장님이 제 말을 들고 좀 찔리는 데가 있었는지 그날 점심을 샀습니다. 그런데 점심을 먹고 사무실로 들어와 차를 마시다가 문득 이렇게 말하더라고요.

"강신준 씨, 지금 내 봉급이 많아 보입니까? 나도 신입사원 때는 그렇게 생각했는데 막상 과장이 되고 나서 보니 그게 많은 봉급이 아니더군요. 나중에 과장이 되고 나면 내 말이 무슨 뜻인지 이해하게 될 거요."

과장님의 말을 이해하는 데에는 별로 시간이 오래 걸리지 않았습니다. 얼마 지나지 않아 저는 농협중앙회로 직장을 옮겼는데, 대학원 졸업자로 특채 형식을 밟았기 때문에 곧바로 대리(한국전력공사의 과장과 같은 직급입니다)로 입사했습니다. 첫 달 월급은 말 그대로 대박(!)이었습니다. 한전에서 받던 월급의 3배를 받게 되었으니까요. 그런데 웬걸요! 1년도 채 안 되어 매달 적자를 면치 못하고 월급날만 목을 빼고 기다리게 되었답니다. 나이가 들고 직급이 올라감에 따라 자녀 양육비라든가 부하 직원의 관리 등 쓰임새가 늘어나게 마련인데 임금은 거기에 맞추어져 있었던 것입니다.

임금이란 이런 것입니다. 많이 받아도 적게 받아도 언제나 빠듯한 것입니다. 여러분의 아버님 어머님께 여쭈어 보십시오. 제 말이 틀렸는지 말입니다. 그러면 왜 그럴까요?

그것은 앞에서 우리가 하다 만 얘기, 곧 개미와 베짱이의 대물림 속에 숨겨진 인위적인 장치 때문이랍니다. 이 장치는 매우 정교하게 이루어져 있습니다. 그것은 이 장치만 전문으로 연구하는 기술자들이 있기 때문입니다. 이 장치에 이런 전문적인 기술자가 필요한 데에는 결정적인 이유가 있습니다. 개미가 임금을 모아 자본가가 되는 것을 막아야 하기 때문입니다.

불가능을 가능으로 만드는 경영학의 등장

임금이란 원래 시장에서 결정되는 가격입니다. 가격은 쌍방 간에 결정되는 것으로, 한 사람이 마음대로 결정할 수 있는 것이 아닙니다. 임금이 결정되는 교환에서 마주 선 두 사람은 개미와 베짱이입니다. 즉 임금은 개미의 의사를 무시하고 베짱이가 혼자서 마음대로 결정할 수 있는 것이 아닙니다. 그럼에도 베짱이는 자신의 대물림을 위해 임금을 마음대로 결정해야 합니다.

만일 이 임금의 결정에 개미의 의지가 개입하면 베짱이는 더 이상 베짱이가 되지 못하고, 개미가 베짱이로 될 수도 있습니다. 따라서 두 사람이 결정해야 하는 것을 혼자서 마음대로 결정하게 만드는 것, 이 절체절명의 과제를 베짱이는 해결해야 합니다. 베짱이는 이 불가능해 보이는 과제를 해결해 줄 전문 기술자가 필요한데, 그것이 바로 경영학이라는 영역의 전문가들입니다.

경영학은 영어로 'management'라고 하며, 우리말로 옮기면 '관리'라고 표현하는 것이 비교적 적절해 보입니다. 라틴어의 'manus'라는 단어에서 유래한 이 말은 원래 말을 훈련시키는 것

을 뜻합니다.[*]

여러분, 혹시 로데오라는 경기를 본 적 있습니까? 로데오는 아직 훈련되지 않은 야생의 말을 타고 사람이 얼마나 오래 버티는지 겨루는 경기입니다. 경기가 시작되면 말은 잔등에 올라탄 사람을 떨어뜨리기 위해 격렬하게 몸부림치고, 얼마 뒤 말의 허락도 없이 잔등에 올라탔던 기수는 결국 말에서 떨어지고 맙니다.

이 경기는 말에게는 원래 사람을 태우는 습성이 없다는 것을 잘 보여 줍니다. 그런데 말은 훈련을 통해서, 즉 manus를 통해서 고분고분 사람을 태웁니다. 이 훈련의 핵심은 말의 자유로운 의지를 꺾어서 훈련시키는 사람의 의지에 종속시키는 데 있습니다. 즉 온순하게 사람을 태우게 만드는 것이지요. 당연히 저절로 그렇게 될 리는 없습니다. 고삐와 재갈, 박차, 채찍과 당근 등의 갖가지 수단이 정교하게 동원되어, 말은 마침내 기수의 의지를 충실히 따르는 온순한 동물로 변합니다.

말을 훈련시킨다는 뜻의 manus는 경영학의 본질을 정확하게 표현한 매우 적절한 단어라고 할 수 있겠습니다. 경영학에서는 임금과 관련된 베짱이의 과제를 특별히 '임금 관리'라는 영역으로 분류하고 있습니다. 여기서 우리가 가장 먼저 눈여겨봐야 할 점은 임금을 관리 대상으로 간주한다는 것입니다.

여러분, 관리라는 것은 방금 보았듯이 말과 기수가 서로 의

[*] 해리 브레이버맨, 강남훈·이한주 옮김(1987), 『노동과 독점자본』, 까치, 67쪽.

로데오 경기

로데오는 야생의 말을 타고 얼마나 오래 버티는지 겨루는 경기이다.
말을 탄 사람은 자신의 의지를 일방적으로 말에게 강요한다.
경영학(management)은 말을 훈련시킨다는 뜻의 manus에서 나온 말로,
경영학의 본질을 명확하게 보여 준다.

견을 나누는 과정이 아니라 기수가 일방적으로 말에게 자신의 의지를 강요하는 과정입니다. 즉 임금을 관리 대상으로 삼는다는 것은 임금을 교환의 두 당사자인 개미와 베짱이가 흥정해서 결정하는 것이 아니라, 베짱이가 일방적으로 마음대로 결정하겠다는 것을 뜻합니다.

결국 임금과 관련된 인위적인 장치의 핵심은 임금의 결정에서 개미의 의사를 배제하는 데에 있습니다. 그런데 어떻게요? 임금은 개미의 동의 없이는 결정될 수 없는 가격인데 말입니다. 바로 그래서 전문적인 기술이 필요한 것이지요. 그러면 이제 임금에 어떤 정교한 기술이 결합해 있는지 알아보기로 합시다.

임금에 매달린 두 가지 장식

기술자들은 먼저 임금의 모습에 두 가지 장식을 달아 놓았습니다. 하나는 임금의 명칭이고 다른 하나는 임금의 지불 시기입니다. 먼저 임금의 명칭을 보면 아주 다양하다는 것을 알 수 있습니다. 알바에서 받는 임금을 시급이라고 하지요. 하루 동안 일하고 받는 임금은 일급(또는 일당)이라고 합니다. 그리고 박찬호나 박지성 같은 프로 운동선수들이 받는 임금은 대개 연봉이라고 합니다. 보통의 직장인들을 우리는 흔히 월급쟁이라고 하지요. 이들이 받는 임금을 월급이라고 하기 때문입니다. 저 같은 교수들도 월급쟁이입니다.

그런데 이렇게 다양한 임금의 명칭들에는 공통된 특징이 있습니다. 모두 노동시간을 나타낸다는 점입니다. 시급은 한 시간, 일급은 하루, 월급은 한 달, 연봉은 일 년을 단위로 합니다.

그러나 그 노동시간은 개미들이 일하는 시간이지 개미들이 임금으로 받아 가는 노동시간이 아닙니다. 우리가 앞에서 보았듯이 개미들의 노동시간은 두 부분으로 이루어져 있습니다. 개미의 몫을 하는 시간과 베짱이의 몫을 하는 시간이 바로 그것입니다. 택시 기사의 경우를 다시 봅시다. 택시 기사는 하루에 12시간을 일하고 약 13만 원을 법니다. 그의 1시간 노동은 약 1만 원이 조금 넘는 셈이지요. 그런데 그가 정작 받아 가는 임금은 하루에 약 4만 원, 즉 그의 노동시간으로 환산하면 4시간어치에 불과합니다. 그런데 4시간어치에 불과한 바로 이것이 그의 하루치 임금, 즉 12시간어치로 표현됩니다!

임금의 명칭이 이처럼 노동시간 전체의 길이를 나타내면 개미들은 자신의 노동시간 가운데 일부를 베짱이의 몫으로 빼앗긴다는 사실을 쉽게 잊게 됩니다. 개미는 자신의 총 노동시간을 남김없이 모두 임금으로 돌려받는 것처럼 착각하게 됩니다. 베짱이가 챙겨가는 몫은 없는 것처럼 보이는 것이죠. 마르크스는 그 점을 이렇게 지적합니다.

노동의 가치(즉 임금-지은이)는 언제나 노동의 가치생산물(즉 총 노동시간-지은이)보다 적을 수밖에 없다. (……) 왜냐하면 자본가는 언제나 노동력을 그 자신의 가치를 재생산하는 데

필요한 것보다 더 오랫동안 사용하기 때문이다.(1권, 740쪽)

개미의 착각을 더 확실하게 만들기 위한 또 하나의 장식은 임금의 지불 시기입니다. 임금은 반드시 개미가 자신의 몫은 물론 베짱이의 몫까지 모두 하고 난 다음에야 지불됩니다. 즉 임금은 개미가 모든 노동을 마친 뒤에야 비로소 후불 형태로만 지불됩니다. 택시 기사는 12시간의 노동을 다 마친 후에야 비로소 4시간어치에 해당하는 임금을 받습니다. 우리는 대개 한 달의 노동을 모두 마친 후에야 열흘 치에 해당하는 임금을 받게 됩니다. 사실 개미는 자기가 벌어 온 돈 가운데 일부를 임금으로 돌려받는 것입니다. 그리고 베짱이는 개미가 자신의 몫까지 포함한 돈을 벌어 오면 그중 일부를 개미에게 임금으로 되돌려주는 것이죠. 이는 노름판에서 남의 돈을 빌려 노름해서 돈을 따는 것과 별로 다를 바가 없습니다. 그래서 마르크스는 이렇게 말합니다.

노동자는 늘 자본가에게 노동력의 사용가치를 미리 꾸어 주는 셈이다. 노동자는 노동력의 가격에 대해 지불을 받기 전에 그것을 구매자로 하여금 소비하게 하며, 따라서 노동자는 자본가에게 항상 신용 대부를 해 주는 셈이다.(1권, 259쪽)

이런 장식들 때문에 개미들은 자신의 임금에 의문을 품지 않고 그것이 마땅한 것으로 착각하게 됩니다. 그리고 베짱이가 개미의 노동 가운데 일부를 빼앗아 간다는 사실은 감추어져 버리죠.

이러한 장식들에 마지막 손질이 더해집니다. 마무리는 이제 기술자들의 몫이 아닙니다. 우리가 앞서 보았던 두 개의 경제학 가운데 베짱이들 편에 서 있는 경제학이 자신의 순서를 기다리고 있지요. 이들은 베짱이가 개미의 노동 가운데 일부를 빼앗는 것이 아니며, 개미는 자신의 노동 전체를 정당하게 임금으로 받아 간다고 주장합니다. 그러면 이것을 살펴봅시다.

장식의 마무리 장치, 베짱이의 경제학

우리가 사는 세상을 자본주의라고 합니다. 혹시 왜 그렇게 부르는지 생각해 본 적이 있습니까? 그것은 자본가가 세상의 주인이기 때문입니다. 여러분은 이건희 회장이나 이재용 씨가 우리와 동등한 사람이라고 생각합니까? 삼성의 회장 비서실에 입사해 7년간 일한 김용철 변호사의 『삼성을 생각한다』를 보면, 이들은 자신이 보통 사람들과 다르다고 생각하고 있다는 사실을 알 수 있습니다.*

자본주의 사회에서 자본가가 주인이듯이, 경제학의 영역에서도 베짱이 편에 서 있는 경제학이 대다수입니다. 이들은 스스로를 '주류' 경제학이라고 일컫습니다. 현재 우리나라에서 가장

* 김용철(2010), 『삼성을 생각한다』, 사회평론, 225쪽 이하.

많이 팔리는 경제학 책은 아마도 『맨큐의 경제학』이라는 책일 것입니다. 미국의 경제학자 그레고리 맨큐가 쓴 이 책은 이른바 주류 경제학의 교과서로 통합니다. 이 책에서는 임금을 이렇게 설명합니다.

임금은 노동의 한계 생산 가치와 일치한다.[*]

이런! 골치가 아프지요? 이게 도대체 무슨 말인가 싶지요? 어떤 공장에 노동자 한 명이 추가로 투입되었을 때 생산물의 가치가 추가로 늘어나는 부분을 한계 생산 가치라고 합니다. 요컨대 노동자 한 명이 증가시킬 수 있는 생산물의 가치를 가리키는 말입니다. 이런 복잡한 개념을 속속들이 이해하지 않아도 좋습니다. 이 이론의 핵심은 임금이 노동자의 노동에 의해 결정된다는 점에 있습니다. 한계 생산 가치란 노동이 만들어 낸 가치이고, 이것은 우리가 살펴본 바에 따르면 개미의 노동량(노동시간)입니다. 바로 이 점만 정확히 이해하면 됩니다.

우리가 이미 보았듯이 베짱이의 몫은 임금이 먼저 결정되고 나서 이루어지는 개미의 노동량(임금보다 더 많은 노동량)에 따라 결정됩니다. 그런데 여기에서 말하는 것처럼 임금이 개미의 노동량에 따라 결정된다고 보면 베짱이가 빼앗아 가는 부분은 감

[*] 그레고리 맨큐, 김경환·김종석 옮김(1999), 『맨큐의 경제학』, 교보문고, 392쪽.

추어져 버립니다. 개미가 자신의 총 노동시간을 임금으로 지불받는 것처럼 보이고, 따라서 베짱이의 몫은 존재하지 않는 것처럼 보입니다. 그리하여 기술자들이 임금의 모습에 달아 놓은 두 가지 장식(임금의 명칭과 지불 시기)이 최종적으로 마무리됩니다. 그것도 과학이라는 이름으로 말입니다. 이것이 베짱이의 대물림을 위한 장치의 구조입니다.

그런데 이 장치에는 치명적인 결함이 있습니다. 무엇보다도 그것이 거짓말이라는 점입니다. 그 거짓말은 우리 주변의 현실을 잠깐 돌아보기만 하면 금방 탄로가 납니다. 물론『자본』의 안내가 필요하긴 하지만 말입니다. 자, 우리의 현실로 들어가 볼까요.

우선, 임금은 언제 결정됩니까? 우리가 회사에 취직하려 할 때 그 회사의 임금을 알고 지원합니까, 모르고 지원합니까? 알바를 시작할 때 시급이 얼마인지 알고 합니까, 모르고 합니까? 당연히 알고 하지요.

사실 개미와 베짱이의 교환에서 베짱이가 돈을 버는 구조는 임금이 먼저 결정되고 노동은 그다음에 이루어지는 형태로 되어 있기 때문입니다. 개미가 노동을 하기 전에 임금은 이미 결정되어 있는 것입니다. 그런데 위의 '교과서'에서는 임금이 노동을 하고 나서, 즉 개미가 수행한 노동량(한계 생산 가치)에 따라 결정된다고 합니다. 그것은 거짓말 아닙니까? 그래서 마무리 장치인 베짱이의 경제학은 치명적인 결함을 안고 있는 것입니다.

과학이란 원래 진실을 다투는 것을 과제로 삼고 있습니다. 그런데 베짱이의 경제학은 이미 과학으로서의 존재감을 잃고 있습니다. 베짱이의 경제학이 거짓말을 하게 된 까닭은 베짱이의 편에 서고자 했기 때문인 만큼 불가피한 일이기도 했습니다. 마르크스는 이들 베짱이 편에 섰던 경제학의 비애를 이렇게 지적합니다.

> 임금이라는 (……) 현상형태는 그런 현상을 불러일으키는 본질적 관계와 (……) 구별된다. (……) 그 배후의 본질은 과학을 통해서만 비로소 발견될 수 있다. 고전파 경제학(베짱이 편에 선 최초의 경제학 이름입니다)은 사물의 진상에 가깝게 접근했으나, 그것을 의식적으로 정식화하지는 못하였다. 고전파 경제학이 부르주아(베짱이를 부르는 말입니다-지은이)의 외피를 두르고 있는 한 그것은 불가능한 일이다.(1권, 744쪽)

반면, 마르크스의 『자본』이 인류에게 그렇게 큰 영향을 끼칠 수 있었던 까닭은 진실을 밝히고 있기 때문입니다. 『자본』은 앞서 말한 두 장식품이 임금을 개미의 총 노동인 양 혼동시킴으로써 베짱이의 몫을 감추려 했다는 사실과, 개미의 총 노동시간 속에는 개미가 받아 가는 임금 외에도 베짱이가 빼앗아 가는 부분이 있다는 사실을 밝혔습니다. 결국, 『자본』에 의해 결함이 드러난 이들 장치는 벌써 상당 부분 교체되었습니다.

임금의 운명, 관리에서 교섭으로

아직 『자본』에 의해 결함이 드러나기 전인 자본주의 초기에 베짱이들은 자기편에 선 기술자와 경제학자들의 정교한 노력 덕분에 임금을 자기들 마음대로 결정할 수 있었습니다. 개미들이 버스에서 집단으로 내리려고 한 혁명이 일어난 것도 바로 이 때문이었습니다. 너무 적은 임금을 받아서 도저히 살아갈 수 없었던 것입니다. 그러나 초기의 혁명은 실패로 끝났으며, 그것은 마르크스가 『자본』을 쓴 동기가 되었습니다.

『자본』은 이들 장치의 결함을 정확하게 밝혀냈고, 개미들은 『자본』이 일러 준 방법에 따라 이들 장치가 더 이상 작동하지 못하게 만들었습니다. 그리하여 임금은 베짱이가 마음대로 결정하는 것이 아니라 개미와 베짱이가 흥정을 통해서 결정하는 것으로 바뀌었습니다.

오늘날 개미와 베짱이 사이에서 이루어지는 임금 흥정을 우리는 '단체 교섭'이라고 합니다. 여기에 '단체'라는 이름이 붙는 이유는, 하나의 베짱이가 다수의 개미를 고용하므로 베짱이와 흥정하기 위해서 개미들은 집단을 이루어야 했기 때문입니다. 노동조합*이 바로 그것입니다. 『자본』의 내용이 이미 공개되고 따라서 이들 장치의 결함이 공공연하게 드러난 유럽의 주요 나라들에서는 임금이 노동조합과의 교섭을 거쳐 이루어지는 것이

* 노동자들이 일하는 환경을 개선하고 사회적·경제적 지위를 향상시키기 위해 조직한 단체를 말합니다.

당연한 일로 여겨지고 있습니다. 그리하여 이 나라들에서는 이제 베짱이의 대물림을 위한 첫 번째 장치가 별로 잘 작동하지 않습니다.

그러나 우리나라에서는 아직 『자본』이 제대로 알려지지 않은 상태입니다. 그래서 진작에 과학적으로 결함이 드러난 베짱이 경제학의 교재가 여전히 대학에서 가장 많이 사용되고 있습니다. 우리나라에서는 이 장치가 아직도 잘 작동하고 있습니다. 우리나라에는 노동조합과 노동자를 대변하는 정당이 제대로 조직되어 있지 않습니다. 따라서 임금이 개미와 베짱이 사이의 교섭을 통해 결정되기보다는, 임금을 베짱이가 제 마음대로 주는 경우가 더 많습니다.

우리나라 전체 노동자 가운데 절반이 훨씬 넘는 비정규직 노동자들은 아예 노동조합을 조직하지 못하고 있으며, 나머지 노동자들 중에서 단체 교섭을 제대로 하는 노동자는 전체의 10분의 1에도 미치지 못합니다. 앞으로 『자본』에 담겨 있는 진실이 개미들에게 충분히 알려지기만 하면 우리나라도 분명 유럽의 주요 나라들을 뒤따르게 될 것입니다. 제가 『자본』을 소개하는 이유를 이제 좀 더 구체적으로 알겠습니까?

축적의 수렁,
베짱이의 진퇴양난

11

축적이라는 대물림 장치

베짱이의 대물림을 위해서 만들어진 장치가 또 하나 있었지요? 베짱이가 계속해서 자본을 갖게 하는 장치였습니다. 우리는 앞에서 그것을 축적이라고 했는데, 이제 그 장치를 살펴보기로 합시다.

축적 장치의 핵심 원리는 개미에게서 빼앗은 부를 베짱이가 자본으로 전환하여 그것으로 다시 개미를 고용하는 것입니다. 즉 개미의 노동을 바탕으로 더 많은 개미를 고용하는 것입니다. 그래서 베짱이는 가만히 앉아 있기만 해도 대물림이 저절로 이루어집니다. 개미가 그것을 반복해서 만들어 주니까요. 이것은 마치 산 위에서 조그만 눈덩이를 굴리면 저절로 굴러가면서 점점 커지는 것과 마찬가지로 보입니다.

사실 이 장치는 그 자체로는 별다른 결함을 발견하기가 어렵습니다. 기가 막히게 잘 작동하는 장치거든요. 그런데 참 이상한 일입니다. 세상일은 마치 동전의 양면과 같아서, 한쪽 면이 있으면 반드시 그 반대쪽 면이 있게 마련입니다. 즉 밝은 면이 있으면 그만큼 어두운 면도 함께 있는 법입니다.

여러분, 이것은 마르크스의 『자본』에 담겨 있는 또 하나의 매우 중요한 가르침입니다. 움직이는 모든 것은 상호 작용을 일으킵니다. 즉 사랑은 증오를 낳고, 믿음은 배신을 낳습니다. 로미오와 줄리엣의 애틋한 사랑은 두 집안이 서로 원수처럼 미워하기 때문에 더욱 절실했습니다. 암살을 몹시도 두려워했던 독재자 박정희는 철통같은 경호 체계를 갖춘 중앙정보부의 안가에서 자신이 가장 믿었던 중앙정보부장 김재규에게 암살당합니다. 이제 곧 보겠지만, 베짱이의 존립을 위협하는 가장 위험한 적도 바로 베짱이 자신이랍니다.

겉으로 보면 더 이상 완벽할 수 없을 것 같은 이 두 번째 장치도 마찬가지입니다. 이 장치의 가장 큰 결함은 바로 저절로 작동하는 그 장치 자체랍니다. 어떻게 해서 그렇게 되는지 한번 볼까요?

이 장치의 중요한 특징은 베짱이의 몫 가운데 일부가 끊임없이 자본으로 재투자되기 때문에 투자되는 자본의 규모가 점점 커지게 되어 있다는 점입니다. 그런데 이렇게 되면 자본을 재투자하는 방식이 당장 문제가 됩니다.

베짱이가 자본을 재투자하는 이유는 자신의 몫을 더욱 늘리기 위해서입니다. 앞에서 우리는 베짱이가 자신의 몫을 늘리는 방법에 두 가지가 있다는 것을 보았습니다. 노동시간(개미의 총 노동시간)을 늘리는 방법과 노동시간(개미에게 임금으로 지불하는 노동시간)을 줄이는 방법이 바로 그것이었지요. 그런데 생물학적 한계 때문에 노동시간을 계속 늘리기는 어려웠고, 결국 오늘날에는 국제적으로 규제받게 되었다고 했습니다.

그래서 베짱이는 가능한 한 개미의 몫으로 지불되는 임금을 줄이는 방식으로 자본을 투자하려 합니다. 그런데 이 방법이 문제가 됩니다. 개미의 몫을 줄이는 방법은 생산성을 높이는 방법인데, 이를 위해서는 도구의 효율성을 높여야 합니다. 기계화 또는 자동화라고도 하는 이 방식은 기계의 사용을 늘리는 것을 가리킵니다. 달리 말해 노동자들의 사용을 줄이고 기계의 사용을 늘리는 것을 뜻합니다. 물론 기계의 사용은 당장 물건을 생산하는 데 걸리는 시간을 줄임으로써 물건값을 떨어뜨리고, 이는 개미의 생활비를 줄여서 개미의 임금을 줄일 수 있는 여지를 만들어 줍니다. 결과적으로 일단은 원래 의도대로 베짱이의 몫을 늘려 줍니다.

축적이 만드는 반전의 서막

그런데 기계의 사용은 이런 결과만 가져오는 것이 아닙니다. 그것은 또 하나의 결과를 만들어 냅니다. 기계의 사용은 개미가하던 일을 기계가 대신하는 결과도 가져옵니다. 작업장 안에서 개미의 수는 점점 줄어들고 그 자리를 기계가 대신하게 됩니다.

심지어 공장 전체가 자동화되어 아예 노동자가 거의 없이 돌아가는 이른바 무인 공장도 나오게 됩니다.

그러면 기계에 밀려난 이들 개미는 어떻게 될까요? 일자리를 잃고 실업자가 됩니다. 이것도 일단은 베짱이에게 그다지 나쁘지 않습니다. 실업자가 늘어나면 시장에 노동력이 풍부해져서 베짱이는 훨씬 좋은 조건으로, 즉 더 싼 가격에 노동력을 구매할 수 있기 때문입니다.

텔레비전에서 본 광고인데, 여러분도 봤을지 모르겠습니다. 한 여학생이 등장하면서 광고가 시작됩니다.

"질문 있습니다, 회장님! 저 취업 준비 진짜 열심히 했거든요. 토플, 토익, 자격증⋯⋯. 얼굴도 이 정도면 예쁜 것 같고. 저 좀 뽑아 주시면 안 되나요?"

이때 10여 년 전 세상을 떠난 현대 그룹의 정주영 명예 회장이 갑자기(!) 짠 하고 나타나 이렇게 말합니다.

"그 학생의 학식보다는 성품을 볼 겁니다. 평소에 성실한 생각을 가지고 사는 학생은 다 취직이 될 것으로 이렇게 저는 보고 있습니다."

구원의 말씀 같지 않습니까? 그것은 마치 유대 민족을 이끌고 이집트를 탈출한 모세가 사막에서 길을 잃고 시나이 산에서 애절하게 기도 드릴 때 들었다는 신의 말씀과 같지 않을까요? 이 광고의 장면은 물론 코미디가 아닙니다. 오늘날의 대학생들이 맞닥뜨린 정확한 현실 그대로입니다. 요즘 대학생들은 대학 생활 내내 오로지 취업 준비에 매진합니다. 그것으로도 모자라 입사 지원서를 100장 정도 쓰는 것은 별로 이상한 일도 아니며, 대기업의 입사 경쟁률이 100 대 1을 넘는 것도 흔한 일에 속합니다. 그러니 현실에 비추어 볼 때 이 여학생의 하소연은 결코 가벼운 것이 아니며, 얼굴은 웃음을 머금고 있어도 그 속내는 까만 숯검정이 되어 있을 것입니다.

당연히 취업의 결정권을 쥐고 있는 회장님의 말씀은 공자님 말씀보다 더 큰 위력이 있을 것이고, 그분의 지위는 신에 견주어도 결코 뒤지지 않을 것입니다. 이렇게 자신의 위력도 커지고 어떻게든 직장을 구하려는 이들이 넘쳐나서 그들을 싼 가격에 고용할 수 있으니, 베짱이에게는 이보다 더 좋은 일이 없겠죠.

이리하여 "더 이상 좋을 수 없는 최고의 세상에서 모든 것이 더 이상 좋을 수 없는 상태로 있게 된다."(1권, 287쪽)

그런데 다 좋을 것처럼 보이는 이 장치에 아뿔싸! 반전의 씨앗이 숨어 있습니다.

베짱이가 궁극적으로 부를 얻는 원천은 개미, 좀 더 구체적으로는 개미의 노동시간입니다. 개미의 노동시간은 자연적으로 하루에 최대 24시간으로 제약되어 있으며, 자본주의 초기에 너무 과도하게 연장하다가 저항에 부딪쳐 오늘날에는 국제적인 규제에 가로막혀 있습니다. 축적이 진행되면서 베짱이의 몫을 늘리는 방법이 개미의 수를 점점 줄이는 것입니다. 개미 한 사람 한 사람마다 노동시간은 자연적으로 제한되어 있으니 그 개미의 수가 줄어들면 개미 전체의 노동시간도 줄어들 수밖에 없습니다.

그런데 바로 이 개미의 전체 노동시간이 곧 베짱이의 몫 아닙니까? 결국 베짱이는 자신의 부의 원천을 줄여 나가는 셈이 됩니다. 참으로 묘한 것은, 이것이 다른 누구의 압력 때문이 아니라 베짱이 자신의 욕망 때문에 그렇게 된다는 점입니다. 게다가 이 욕망은 멈출 수 있는 것이 아닙니다. 개미의 수를 줄이는 것은 베짱이가 절실하게 원하는 대물림 때문에 반드시 필요한 것이니까요. 여기까지가 반전의 1막입니다.

반전의 2막

곧바로 반전의 2막이 시작됩니다. 사용되는 개미의 수가 줄어들면서 사회 전체적으로 개미의 총 노동시간이 감소하고, 그에 따라 개미와 베짱이가 함께 나누어 가져야 할 부의 전체 크기도 줄어듭니다. 개미의 몫은 물론이고 베짱이의 몫도 당연히 위협을 받습니다. 두 사람이 함께 서 있는 바닥의 크기가 줄어드니까요. 기계의 사용은 개미의 몫을 줄이는 것을 부분적으로 도와

〈새우 공장〉

루이스 하인, 1911년

좁고 어두운 공간에서 많은 여성과 어린아이들이 일하고 있다.
이곳 노동자들은 새벽 5시부터 일을 시작했다.
노동력을 많이 사용할수록 초과 이익이 늘어나기 때문에
자본가는 더 많은 노동자를 고용하려고 한다.

〈증기 펌프에서 일하는 건장한 정비공〉

루이스 하인, 1920년

커다란 기계에 둘러싸인 정비공이 스패너로 볼트를 조이고 있다.
기계는 작업 효율을 사람보다 획기적으로 높일 수 있다. 따라서 자본가는
더 많은 이익을 위해 기계의 도입을 늘리고 노동자의 수를 줄인다.
이는 당장은 자본가에게 만족할 만한 상황을 가져온다. 그러나 노동자의 수가
적어져 궁극적으로는 초과 이익의 비율이 작아지는 결과를 낳는다.

주긴 하지만, 거기에는 한계가 있을 뿐 아니라 베짱이의 몫까지 위협을 받습니다.

그리하여 축적은 이제 베짱이들끼리의 경쟁을 불러옵니다. 전체적으로 줄어드는 몫을 두고 베짱이들끼리 경쟁하게 되는 것입니다. 경쟁의 발화점은 아이러니하게도 바로 개미의 몫을 줄이기 위해 시작된 상품 가격입니다. 상품 가격을 더 낮추기 위한 경쟁이 치열하게 전개됩니다. 경쟁은 전쟁과 마찬가지입니다. 경쟁자의 몫을 빼앗아야 내 몫이 커지기 때문입니다. 결과는 냉혹합니다. 오로지 승자와 패자가 있을 뿐이지요.

그 패배의 결과가 얼마나 쓰디쓴지는 한때 우리나라 최고 재벌들의 단체인 전경련 회장을 지내고 우리나라 4대 재벌로 손꼽히던 대우 그룹 김우중 회장의 몰락을 보면 금방 깨달을 수 있습니다. 최근 삼성 그룹의 이건희 회장이 갑자기 100일간이나 출근하면서 경영 일선에 나선 것도 이 경쟁의 소용돌이에서는 우리나라 최고의 재벌도 예외가 아니라는 사실을 알려 주는 증거입니다.

경쟁의 압력은 기계의 생산력을 더욱 높게 만들고, 기계는 개미의 몫을 더욱 줄입니다. 베짱이의 몫을 늘리기 위해 개미의 몫을 줄이려는 다른 노력도 함께 진행됩니다. 정규직을 비정규직으로 바꾸고, 임금이 더 낮은 외국으로 공장을 이전하고, 해고 위협을 통해 정규직에게 임금을 낮추도록 이런저런 압박을 가하게 됩니다. 그런데 베짱이가 경쟁에서 살아남기 위해 동원할 수 있는 이러한 수단은 모두 개미의 몫을 줄이고 개미의 수를 더욱 줄이는 결과를 가져옵니다. 그래서 경쟁이 진행될수록 상황은 더욱 나빠집니다.

나빠지는 상황의 내용에 주목할 필요가 있습니다. 베짱이의 몫을 늘리려 할수록 개미의 몫이 줄어들고, 개미의 몫이 줄어들수록 베짱이의 몫도 줄어든다는 점입니다. 그야말로 진퇴양난입니다. 자신의 몫을 늘리려고 한 것이 결과적으로 자신의 몫을 줄이고 마는 것입니다.

베짱이가 맞닥뜨린 이 기막힌 진퇴양난은, 애초 베짱이의 몫이 스스로 직접 만든 것이 아니라 타인(개미)에 의해 만들어진다는 사실에서 비롯된 일입니다. 두 사람 사이의 관계는 작용과 반작용의 관계입니다. 이는 마치 거울을 보고 거울 속의 상대를 때리면 그것이 바로 자신에게 주먹으로 날아오는 것과 같은 원리입니다. 마르크스는 의미심장한 말투로 이렇게 얘기합니다.

자본주의적 생산의 참된 장애물은 자본 그 자체이다. 이는 곧 자본과 자본의 자기증식(베짱이의 몫을 키우는 축적을 가리키는 말입니다-지은이)이 자본주의적 생산의 출발점이자 종점이며, 동기이자 곧 목표로 나타나는 것을 가리킨다.(3권, 330쪽)

결국 베짱이가 대물림을 위해 만든 두 번째 장치도 이처럼 베짱이의 희망을 배신해 버립니다. 그래서 베짱이의 대물림은 영원히 지속될 수 없습니다. 개미와 베짱이의 뒤바뀐 운명은 결코 영원한 것이 아닙니다. 버스에서 내리려던 개미들의 집단행동은 결국 성공하게 되어 있습니다. 그런데 그때가 언제일까요?

유대 민족은 예수님이 오시기 전에 자신들을 구원해 줄 메시아가 오리라는 예언을 믿었고 700년을 기다립니다. 그 예언은 실현되었을까요? 여러분, 예언은 예언일 뿐입니다. 예언의 실현은 하늘의 문제가 아닙니다. 그것은 지상의 문제, 곧 인간의 문제입니다.

개미와 베짱이의 대물림을 위한 두 가지 장치에는 모두 결함이 있습니다. 그러나 그것은 저절로 멈추는 것이 아닙니다. 그 장치들은 사람들이 만든 것입니다. 이 인위적인 장치들은 결국 개미가 함께 움직여야 멈출 수 있습니다. 아무리 좋은 구슬도 꿰어야 보배인 것입니다.

150여 년 전 마르크스가 『자본』에서 말한 내용의 일부는 이미 오늘날 우리의 일상 속에 실현되어 있답니다. 이 실현에 관한 얘기는 14장에서 따로 다룹니다. 여기에서는 개미와 베짱이의 대물림 장치가 완벽한 것이 아니라는 점만 확인해 두기로 합시다.

신기루와 같은 대박의 꿈

12

돈으로 돈을 번다?

제가 고등학교나 대학교 동창회에 나가면 가끔 겪는 일입니다. 아주 절친했던 친구들이 저에게 넌지시 이렇게 묻곤 합니다.

"신준아, 너는 경제학 박사인 데다 교수이기도 하니 틀림없이 돈 버는 방법을 잘 알 것 아니냐? 나한테도 돈 버는 방법 좀 가르쳐 다오. 친구 좋다는 게 뭐냐? 나도 친구 덕 좀 보자, 응?"

그러면 제가 되묻습니다.

"그래, 그까짓 거 뭐 그리 어렵겠어? 그런데 너 혹시 여윳돈 좀 가지고 있냐? 100억 원 정도 말이야. 그러면 내가 가르쳐 줄 수 있는데."

친구가 버럭 소리를 지르지요.

"예끼, 이 친구야! 내가 그만한 돈이 있으면 너한테 이런 걸 묻겠어?"

이런! 제 친구는 벌써 경제학을 정확하게 알고 있습니다. 우리가 보았듯이 개미와 베짱이는 대물림을 합니다. 돈 버는 방법을 궁금해하는 사람은 물론 개미입니다. 왜냐하면 개미는 돈을 벌지 못하니까요. 반면 베짱이는 돈 버는 방법에 대해서 별로 궁금해하지 않습니다. 이미 자기가 가진 자본이 스스로 돈을 벌어 주고 있기 때문입니다. 그래서 그는 따로 돈 버는 방법을 굳이 알아낼 필요가 없는 것이지요. 제 친구에게 돈이 있었다면 그 친구는 벌써 돈 버는 방법을 알고 있었을 것입니다.

여러분, 자본주의라는 이 경제 체제에서 돈을 버는 방법은 단 한 가지, '돈으로 돈을 버는' 방법뿐입니다. 아, 여기에서 주의해야 할 점이 있습니다. 이때의 돈은 개미들의 지갑 속에 들어 있는 푼돈이 아닙니다. 이 돈은 노동력을 비롯한 생산요소들을 구입할 수 있는 자본이라는 돈입니다.

따라서 빤한 결론이 나와 있습니다. 자본주의에서는 자본가가 아니면 돈을 벌 수 없는 것입니다. 아무리 둘러봐도 개미는 돈을 벌 수 있는 방법이 없습니다.

멀리 갈 것 없이 저를 보십시오. 명색이 경제학을 전공한 제가 돈 버는 방법을 모르겠습니까? 지금 여러분에게 얘기하고 있는 내용이 모두 돈 버는 방법인데 말입니다. 그런데 제가 사는 형편을 보십시오. 제가 부자입니까? 아니, 전국의 각 대학에 근무하는 경제학과 교수들을 한번 보십시오. 자신의 경제학적 지식을 이용해 부자가 된 사람이 있는지를 말입니다.

그러니 다시 한 번 확인을 합시다. 돈 버는 방법(또는 묘안)

을 안다고 해서 돈을 벌 수 있는 것이 아닙니다. 자본이 있어야 돈을 버는 것입니다. 우리는 그것을 대물림의 구조를 통해서 이미 보았습니다.

달콤한 환상, 대박의 신기루

사정이 이러한데도 많은 개미들이 돈 버는 방법을 찾아 끊임없이 헤매고, 거기에 쉽게 현혹되고 정신이 팔립니다. 아침 신문을 한번 훑어보십시오. 돈 벌게 해 주겠다며 개미들을 유혹하는 광고가 반드시 하나 이상 실려 있습니다. 어제 신문에는, 그리고 그저께 신문에는 없었을까요? 있습니다. 매일 있습니다. 자본주의라는 이 경제 구조가 존재하는 한 그런 광고는 아마 계속 실릴 것입니다.

왜 그럴까요? 왜 사람들은 자기가 뻔히 알고 있는 경제학적 진실을 외면하고 존재하지도 않는 달콤한 환상을 꿈꾸는 것일까요? 여기에는 분명한 이유가 있습니다. 신기루 현상 때문입니다. 달콤한 환상은 마치 정말 존재하는 것처럼 보이거든요.

개미들을 홀리는 그 신기루는 바로 재테크를 통한 대박 사례들입니다. 우리는 재테크로 대박을 터뜨린 사람들을 가끔 신문에서 만납니다.

3년 만에 반지하 셋방에서 타워팰리스 66평 아파트로 주식 투자로 기막힌 인생 역전에 성공한 이현수 씨![*]

재테크는 바로 우리 가까이에 존재하고 손만 뻗치면 나도 잡을 수 있을 것처럼 보입니다. 그러니 그것을 어떻게 포기할 수 있겠습니까? 하지만 주의하십시오. 아름다운 장미는 뾰족한 가시를 숨기고 있습니다. 라인 강변의 로렐라이나 오디세우스의 뱃길에 나타난 사이렌의 매혹적인 목소리 뒤에는 뱃사람들을 파멸시키는 암초가 숨어 있습니다. 가까이에 있는 듯이 보이는 대박의 모습은 막상 손을 뻗치면 연기처럼 허무하게 공중에서 사라지고 마는 신기루 같은 것이랍니다.

어째서 우리 눈에 분명히 보이는 이것이 신기루인 것일까요? 대박의 정체는 도대체 무엇일까요? 우선, 대박을 가져다주는 재테크란 것이 무엇인가요? 대학에 갓 들어온 신입생들에게 물어봤더니 벌써 다들 알고 있더군요. 금융 투자와 부동산 투자가 그것입니다.

그런데 이 두 가지는 일단 공통점이 있습니다. 노동을 해서 돈을 버는 방법이 아니라는 것이지요. 사실 노동을 해서 돈을 버는 방법이라면 그것이 사람들을 홀릴 까닭도 없겠지요. 애써 땀 흘려 만드는 것이라면 누가 거기에 눈길이나 주겠습니까?

그런데 우리가 알고 있듯이 자본주의에서 부를 얻는 방법은 두 가지밖에 없습니다. 개미처럼 직접 노동을 하든가 아니면 베짱이처럼 개미의 노동을 빼앗는 방법뿐입니다. 그렇다면 재테

◦ 이투데이, 2011년 8월 6일자.

크는 결국 베짱이의 방식이 되어야만 합니다. 그러나 우리가 앞에서 본 베짱이의 방식은 금융과 부동산에 대한 투자가 아니었습니다. 베짱이는 개미의 노동력을 생산에 사용함으로써 부를 얻었습니다.

베짱이의 먹이 사슬

그렇다면 재테크는 과연 어떻게 부를 얻는 것일까요? 그것이 또 다른 베짱이의 방식일 것은 분명합니다. 개미처럼 직접 노동하는 것이 아니라는 점은 분명하니까요. 그래서 우리는 드디어 베짱이에도 여러 종류가 있다는 것을 깨닫게 됩니다. 금융 베짱이와 부동산 베짱이가 바로 그것입니다. 이들과 구별하기 위해 우리가 앞에서 본 베짱이, 즉 개미를 고용해서 일을 시키는 베짱이를 원조 베짱이라고 부릅시다(곧 알게 되겠지만, 이 베짱이를 원조라고 하는 이유가 있습니다).

먼저 금융 베짱이를 볼까요? 금융이란 돈을 빌려 주고 이자를 받는 것을 가리킵니다. 개미도 일부 있긴 하지만 돈을 빌려 쓰는 사람은 대부분 원조 베짱이들입니다. 이들이 돈을 빌려 쓰는 이유는 무엇일까요? 원조 베짱이는 개미를 고용해서 노동을 시킨 다음 개미들이 만든 물건을 팔아서 비로소 돈을 버는데, 물건을 모두 팔아 치우려면 꽤 오랜 시간이 걸립니다. 베짱이는 물건을 다 팔아서 돈을 회수하기 전까지는 돈이 부족합니다. 당연히 개미에게 일을 계속 시킬 수 없습니다. 개미들에게 임금을 지불하고 다른 생산요소들을 살 돈이 부족한 것이지요. 그래서 이 기간 동안 개미들에게 계속 일을 시키려면 어디서 돈을 변통해야만 할 필요가 있습니다.

그리하여 금융 베짱이와 원조 베짱이의 협력 관계가 만들어집니다. 그런데 금융 베짱이가 빌려 주는 돈은 어디에서 나왔을까요? 자기 주머니에서요? 아닙니다. 금융 베짱이는 시중에서 달리 쓰일 곳을 찾지 못해 빈둥대는 돈을 끌어모아서 원조 베짱이에게 빌려 줄 돈을 마련합니다. 물론 공짜로는 안 되겠지요? 대가가 필요합니다. 그래서 금융 베짱이는 시중에서 끌어모은 이 돈에 대해서 이자를 지불하겠다고 약속합니다.

그래서 기다란 먹이 사슬 같은 것이 만들어집니다. 먼저 시중에서 놀고 있는 돈이 금융 베짱이에게 모여서(예금) 원조 베짱이에게 넘어갑니다(대출). 원조 베짱이는 이 돈을 사용해 개미에게서 부(노동)를 얻습니다. 그런 다음 원조 베짱이는 자신의 몫 가운데 일부를 금융 베짱이에게 이자로 지불하는데, 그 이자 가운데 일부는 다시 시중의 예금주에게 나누어집니다.

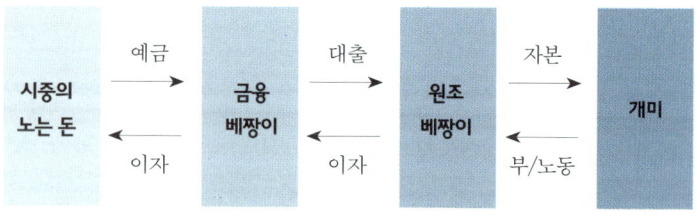

마르크스의 자본, 판도라의 상자를 열다

이 먹이 사슬 그림이 우리에게 알려 주는 것은, 등장인물은 모두 네 명이지만 이 가운데 부를 직접 만들어 내는 사람은 개미 한 명뿐이라는 점입니다. 나머지 세 사람은 모두 개미가 만들어 낸 부를 차례로 나누어 받습니다. 이 세 사람 가운데 첫 번째 자리에 있는 것이 바로 개미에게서 부를 빼앗는 베짱이이고, 그래서 이 베짱이를 '원조'라고 합니다.

따라서 이 먹이 사슬은 숙주와 기생의 관계로 이루어져 있습니다. 사슬의 맨 앞에 있는 개미를 숙주로 하여 다른 세 사람은 순차적인 기생의 지위에 있습니다. 그런데 이 숙주와 기생의 관계라는 것이 참으로 묘합니다. 남에게 기생하니까 얼핏 편하고 좋아 보입니다. 사람들이 재테크에 흥분하는 이유는 바로 이 때문입니다. 많은 돈을 스스로 땀 흘리지 않고 편안하게 쉬이 버는 것처럼 보이니까요.

그런데 대물림의 장치에서 보았듯이 세상일에는 반드시 동전의 양면처럼 두 가지 면이 함께 있습니다. 밝은 면은 어두운 면을 숙명처럼 지니고 있는 것이지요. 남에게 기생한다는 것은 달리 말해 자신의 존재 여부가 타인에게 의존해 있다는 뜻이기도 합니다. 그것은 곧 자신의 운명을 스스로 결정할 수 없다는 뜻입니다.

마르크스는 1848년 혁명의 동력이 어디에서 나오는지를 연구하면서 그 동력이 개미의 운명이 뒤바뀐 데서 비롯되었다는 사실을 알아냈습니다. 그리고 이 개미야말로 자본주의 전체의 운명을 좌우한다는 것을 밝혔습니다. 자본주의 체제의 운명은 바로 개미 자신에게 달려 있는 것입니다.

금융 베짱이의 신기루

신기루 현상은 숙주 기생 관계 때문에 발생합니다. 금융 베짱이는 원조 베짱이에게 기생하며, 원조 베짱이의 몫은 원래 개미의 노동에 기생한 것입니다.

원조 베짱이가 개미에게서 부를 얻는 데에는 대물림의 장치가 작동합니다. 대물림 장치 가운데 두 번째 장치가 금융 베짱이와 관련됩니다. 축적이라는 두 번째 장치는 원조 베짱이가 투자하는 자본의 규모를 계속 늘리면서 동시에 원조 베짱이의 몫도 계속 늘려 줍니다. 그래서 금융 베짱이가 원조 베짱이에게 빌려 주는 돈의 규모는 갈수록 커지고 그가 돌려받는 이자도 계속 커집니다. 우리가 신문 기사에서 만난 대박의 현실은 바로 이것입니다.

문제는 이런 경향이 한동안 이어진다는 것입니다. 축적이라는 대물림의 장치는 반전의 분위기가 무르익기 전까지는 순조롭게 작동하거든요. 그래서 착시 현상이 발생합니다. 일직선으로 곧게 뻗은 포장도로가 계속 이어지기 때문에 아직 시야에 들어오지 않은 지평선 저 너머까지도 포장된 길이 일직선으로 이어져 있으리라는 믿음이 생기지요. 신기루가 만들어지는 것입니다.

원조 베짱이에게 빌려 주는 돈의 규모가 자꾸 커지고 이자가 순조롭게 잘 회수되면 이런 상태가 무한히 계속될 것이라는 믿음이 굳어집니다. 금융 베짱이는 원조 베짱이에게 무작정 최대한의 돈을 빌려 주려 합니다. 이른바 '묻지 마' 투자가 시작되는 것입니다. 물론 이자가 무한히 불어날 것이라는 달콤한 환상에 젖어서 말입니다. 이것이 대개 '호황'이라고 부르는 경우입니다.

그런데 어쩌지요. 축적에는 반전이 기다리고 있습니다. 반전은 1막과 2막에 걸쳐 이루어지고, 원조 베짱이의 몫은 줄어들기 시작합니다. 그것은 원조 베짱이의 몫이 궁극적으로 개미의 노동에 의존해 있는 반면, 축적은 개미의 노동을 계속 줄여 나가기 때문이었습니다. 마침내 금융 베짱이가 원조 베짱이에게서 이자는 물론 원금도 돌려받지 못하는 사태가 발생합니다. 대개 '불황'이라고 일컬어지는 사태입니다.

일직선으로 곧게 이어지던 포장도로가 갑자기 커브를 돌면서 비포장 자갈길로 바뀝니다. 신기루는 사라지고 달콤한 환상은 쓰디쓴 환멸로 바뀝니다. 금융 재테크가 존재하는 것은 사실이지만, 그것이 결국 신기루인 까닭은 바로 이 때문입니다. 그것은 잠시만 우리 눈에 보이는 것일 뿐 지속될 수 있는 것이 아닌 게지요. 그래서 마르크스는 금융 베짱이의 사업에 대해 "대규모의 도박과 협잡 제도"(3권, 592쪽)라고 비판합니다. 협잡이란 남을 속인다는 말입니다.

〈U. S. 285〉
로버트 프랭크, 1956년

흔히 일직선으로 곧게 뻗은 길은 희망을 상징한다.
그러나 사진 속의 황량한 풍경은 불안감을 자아낸다.
길은 정말 순탄하게 계속 이어져 있는 걸까?
호황을 누리던 1950년대에 이 사진은 용감하게도
그것이 신기루일지도 모른다고 말했다.

부동산 재테크의 신기루

부동산 재테크도 마찬가지입니다. 이것도 현실에 존재하긴 하지만 금융 재테크와 마찬가지로 결국은 신기루에 불과하답니다. 부동산 재테크도 물론 베짱이의 방식입니다. 자기가 직접 노동하는 것이 아니니까요. 그래서 부동산 재테크에 의존하는 사람을 편의상 땅 베짱이라고 부릅시다. 땅 베짱이는 자신의 몫을 어디에서 얻는 것일까요? 모든 부는 개미의 노동에서 비롯되고, 개미의 노동에서 베짱이의 몫을 최초로 빼앗아 내는 사람이 원조 베짱이입니다. 때문에 땅 베짱이도 결국은 원조 베짱이에게 기생해야 합니다. 그러면 원조 베짱이와 땅 베짱이의 관계는 어떤 것일까요?

우리는 부를 창출하려면 개미의 노동과 원료나 기계 등 여러 생산요소가 함께 필요하다는 것을 알고 있습니다. 토지도 바로 이 생산요소 가운데 하나입니다. 그런데 토지는 성격이 조금 독특합니다. 우선 토지는 위치와 크기를 절대 바꿀 수 없습니다. 부산에 있는 토지를 서울로 옮길 수도 없고, 20평의 토지를 잡아당겨서 30평으로 늘릴 수도 없습니다. 게다가 토지는 다른 것으로 대신할 수도 없습니다. 배를 만드는 데에는 나무 대신 플라스틱이나 쇠도 사용할 수 있지만, 토지는 대신할 수 있는 것이 없습니다. 그래서 모든 토지는 누가 소유하거나 사용하면 더 이상 다른 사람이 그것을 소유하거나 사용할 수 없다는 특성이 있습니다. 마르크스는 토지의 특성을 이렇게 말합니다.

> 토지 소유는 지구의 일정 부분을, 모든 다른 사람을 배제한 채
> 자신의 개인 의지만의 영역으로 지배하는, 어떤 사람의 독점
> 권을 전제로 한다.(3권, 841쪽)

원조 베짱이는 이런 토지를 반드시 필요로 합니다. 개미가 '공중 부양'으로 일할 수는 없으니까요. 그래서 땅 베짱이는 원조 베짱이에게 토지를 빌려 주고 지대라는 것을 받습니다. 금융 베짱이가 돈을 빌려 주고 이자를 받는 것과 마찬가지입니다. 땅 베짱이의 몫인 지대도 역시 원조 베짱이의 몫에 의존합니다.

그런데 앞서 보았듯이 축적이라는 장치는 자본을 투자하는 규모와 원조 베짱이가 챙기는 몫을 계속 키워 줍니다. 그러면 당연히 토지에 대한 원조 베짱이의 수요도 계속 늘어나고 땅 베짱이의 몫도 계속 늘어납니다. 그리하여 여기에서도 금융 베짱이의 경우와 꼭 마찬가지로, 토지에 대한 수요와 지대라는 몫이 무한히 늘어날 것이라는 신기루가 만들어집니다.

이 같은 신기루가 토지에 대한 투기를 만들어 냅니다. 땅 베짱이의 몫이 무한히 늘어날 것처럼 보이거든요. 더구나 토지는 일단 누가 갖거나 사용하면 더 이상 다른 사람이 갖거나 사용할 수 없습니다. 당연히 토지의 가격과 토지를 빌려 주고 받는 지대가 무한히 오를 것이라는 환상이 만들어집니다. 예컨대 우리 나라의 '강남 불패' 또는 '부동산 불패' 신기루가 그것입니다. 마르크스는 이 강남 불패 복부인의 원조 한 명을 소개합니다. 다

음은 런던의 건축 투기업자인 에드워드 캡스의 증언입니다.

"나는 출세를 하고자 하는 어떤 사람이 건실한 사업만을 고수
하면서 그런 출세를 기대하기는 거의 불가능하다고 생각한다.
(……) 그는 반드시 그 외에 투기로 건축을 해야 하고 그것도
대규모로 해야만 한다."(3권, 1034쪽)

그러나 금융 베짱이와 마찬가지로 땅 베짱이의 몫도 궁극적
으로는 원조 베짱이의 몫에 기생합니다. 게다가 그것은 무한히
늘어나는 것이 아닙니다. 순탄하게 일직선으로 이어지던 포장
도로가 갑자기 커브를 돌면서 비포장 자갈길로 바뀝니다. 신기
루는 사라지고, 쓰디쓴 환멸이 달콤한 환상을 밀어냅니다.

아편처럼 끊기 어려운 신기루 중독 현상

이처럼 금융과 부동산 재테크는 모두 현실적으로 존재하긴 하
지만 신기루입니다. 그것은 일시적으로만 존재할 수 있습니다.
이들이 의존하며 기생하는 원조 베짱이의 몫이 일시적으로 계
속 늘어나는 듯하다가 결국은 줄어들고 말기 때문입니다. 대박
의 꿈이 한여름 밤의 꿈처럼 덧없고 짧다는 것을 보여 주는 사
례는 역사에서도 무수히 찾아볼 수 있습니다.

멀리는 17세기 네덜란드의 튤립 투기 사건(금융)을 비롯해
18세기 프랑스의 존 로우 사건(금융), 1929년의 대공황(금융과

부동산), 가장 가까이는 2008년 리먼 브러더스 사태(금융과 부동산) 따위를 들 수 있습니다. 일본의 잃어버린 10년으로 알려진 1990년대의 장기 불황도 금융과 부동산 신기루가 만들어 낸 것이었습니다. 재테크 신기루에서 가장 고전적인 사례로 알려진 네덜란드의 튤립 투기 사건을 조금만 살펴 보고 갈까요?

오늘날 그 선명한 색깔로 많은 사람들의 사랑을 받는 튤립은 원래 지중해 동부에서 자라던 식물이었습니다. 16세기에 우연히 이 꽃이 네덜란드에 소개되었는데, 이 꽃을 처음 본 네덜란드 사람들은 완전히 매료되고 말았습니다. 네덜란드는 라인강 하구의 늪지에 자리 잡고 있어서 지리적 조건이 을씨년스럽기 짝이 없는 데다, 유럽 대륙 전체가 그러하듯이 기후적으로는 가을부터 이듬해 봄까지 해를 거의 볼 수 없는 조건에 놓여 있는 나라입니다.

우중충한 날씨에 반년을 시달리다 겨우 맞는 햇살 아래 눈부시게 선명한 빛깔로 피어난 튤립이 네덜란드 사람들의 마음을 사로잡은 것은 아주 자연스러운 일입니다. 당연히 튤립에 대한 수요가 폭발적으로 늘어났습니다. 그런데 튤립은 일 년에 한 번만 구근을 쪼개어 번식시킬 수 있는 식물이어서, 수요가 늘어난다고 공급이 금방 늘어날 수 있는 물건이 아니었습니다. 당연한 결과로 가격이 폭등했지요. 공급이 도저히 수요를 따라잡지 못하면서 가격이 몇 년 동안 꾸준히 상승했습니다.

그러자 가격이 틀림없이 계속 오를 것이라는 믿음이 점차 사람들 사이에 자리 잡았습니다. 그래서 튤립을 키우기 위해서가 아니라 내일 가격이 오를 것을 기대하면서 그 차익을 노리고 튤립을 사려는 사람들이 생겨났습니다. 보통 '가수요'라고 하는 것이지요. 실제 수요가 아니라 기대에 의거한 가짜 수요라는 뜻입니다. 가격은 더욱 가파르게 올랐습니다. 그러나 실제로 튤립을 사려는 사람의 수는 정해져 있습니다.

결국 살 만한 사람이 모두 사고 나자 4년 만에 가격이 내려가기 시작했습니다. 그러자 이제 반대 현상이 나타났습니다. 내일 가격이 하락할 것이라는 공포에 휩싸인 사람들은 앞다퉈 손실을 줄이기 위해 하루라도 빨리 튤립을 팔아 치우려 했습니다. 가격은 끝을 모르고 가파르게 하락했습니다. 튤립을 샀던 사람들은 모두 큰 손실을 입고 쫄딱 망했답니다. 가격이 계속 오를 것이라는 기대가 만들어 낸 신기루였지요. 그 뒤를 이은 사건들도 모두 이처럼 가수요가 만들어 낸 신기루였답니다.

그러나 무수히 많은 역사적 사례에도 불구하고 오늘도 여전히 개미들의 눈을 홀리는 재테크의 유혹은 계속되고 있습니다. 마치 건강을 해친다는 것을 알면서도 끊을 수 없는 담배의 유혹처럼, 노동하지 않고 돈을 번다는 달콤한 환상이 개미들의 판단을 흐리게 만들고 있는 것입니다. 신기루에 홀리는 현상을 우리는 미신이라고 합니다. 미신에서 벗어나기 위해 필요한 것은 진실을 정확히 꿰뚫어 볼 수 있는 과학입니다.

마르크스의 『자본』을 과학이라고 하는 까닭은 그것이 이처

〈튤립 광풍 풍자〉
얀 브뤼헐, 1640년경

왼쪽 아래 튤립이 만발한 화단 앞에 원숭이 한 마리가
튤립 목록을 보며 흡족해하고 있다. 화단 주위로 튤립을 사려는 원숭이,
금화와 은화를 세는 원숭이, 튤립 알뿌리의 무게를 다는 원숭이가
저마다 돈을 벌게 되리라는 기대에 부풀어 있다. 그러나 맨 오른쪽에는
거품이 꺼진 뒤의 처절한 상황이 펼쳐진다. 튤립 투기로 빚더미에 앉은
원숭이는 법정으로 끌려가고, 어떤 원숭이는 쓸모없는 튤립을 향해 오줌을
내갈기며, 저 뒤에는 투기의 책임을 놓고 결투까지 벌이고 있다.

럼 미신의 정체를 정확하게 밝혀 주기 때문입니다. 마르크스가 영국으로 건너가는 뱃전에서 품었던 의문, 즉 다수의 절박한 의지를 담고 있던 혁명이 실패한 원인도 바로 이 과학의 부재 때문이었는데, 마르크스는『자본』에서 그 점을 분명히 밝혀 주고 있습니다.

운명의 아마겟돈, 종말의 예언

모든 것에는 종말이 있다

기원전 146년, 700년 이상을 지중해의 패자로 군림하던 해상 국가 카르타고는 지중해의 새로운 강자로 떠오른 농업 국가 로마에 의해 멸망했습니다. 도시는 단 한 채의 건물도 남지 않고 철저히 파괴되었으며 살아남은 카르타고인 5만 명은 모두 노예로 팔려 갔습니다. 카르타고 최후의 날을 직접 지휘한 로마군의 장수는 스키피오 아이밀리아누스였습니다. 그런데 도시가 파괴되는 모습을 지켜보고 있던 아이밀리아누스가 남긴 술회는 참으로 의미심장했습니다. 그는 자신과 동행했던 그리스 역사가 폴리비오스의 손을 잡고 이렇게 말했다고 합니다.

"폴리비오스, 지금 우리는 과거에 영화를 자랑했던 제국의 멸망이라는 위대한 순간을 목격하고 있네. 그러나 지금 이 순간 내 가슴을 차지하고 있는 것은 승리의 기쁨이 아니라, 언젠가

는 우리 로마도 이와 똑같은 순간을 맞이할 것이라는 비애감
이라네."[*]

실제로 로마는 그때부터 약 600년 후에 카르타고가 겪은 운
명을 뒤따랐습니다. 로마와 카르타고만 그랬을까요? 이집트의
파라오와 중국의 진시황도 자신의 왕국을 영원히 지속시키려고
노력했습니다. 그러나 누구도 영원할 수 없었으며, 그들이 건설
한 피라미드와 병마용이 옛 시절을 보여 줄 뿐입니다.

인간이 이룩한 것에는 영원히 지속되는 것이 없습니다. 모든
것에는 시작과 함께 반드시 끝이 있는 법이지요. 자본주의도 마
찬가지입니다. 자본주의를 만든 베쌍이는 파라오와 진시황지럼
대물림 장치를 만들었습니다. 그러나 거기에도 결국 끝이 있을
뿐입니다.

자본주의의 끝은 어떻게 오는 것일까요? 그것을 암시하는
사건이 지금부터 약 80여 년 전에 있었습니다. 1929년 10월 24일,
아직 시장이 열리기 전 뉴욕 증권 거래소에는 불안감이 감돌고
있었습니다. 주식 시장이 열리자마자 불안감은 곧 현실이 되었
습니다. 팔려고 내놓는 주식이 쏟아지면서 주가는 곤두박질쳤습
니다. 주가가 떨어지는 속도가 너무 빨라서 주식 속보기가 주식
시세를 따라잡을 수 없을 정도였습니다. 마침내 주식 시세를 알

* 시오노 나나미, 김석희 옮김(1995), 『로마인 이야기』 2권, 한길사, 455쪽.

〈카르타고 제국의 쇠락〉

윌리엄 터너, 1817년, 부분

멍하니 서 있거나 주저앉은 채 근심에 잠겨 있는 사람들 뒤로 저무는 해가
빛을 잃어 간다. 지중해를 다스리던 해양 제국 카르타고는 로마와 벌인
전쟁에서 패해 쇠락의 길을 걸었다. 번창하는 자본주의도 언젠가 쇠락해질
터이니, 오만과 방종을 경계하라는 메시지를 담고 있다.

리는 전광판의 불이 꺼져 버렸고, 사람들은 이날을 깜깜해진 전광판에 빗대어 "검은 목요일"이라고 불렀습니다. 자본주의 역사에서 가장 치명적인 공황으로 알려진 1929년 공황의 시작이었습니다.

2008년 9월 15일, 똑같은 일이 다시 미국에서 터졌습니다. 역시 새로운 공황의 시작을 알리는 신호였지요. 이 신호는 3년이 지나 우리나라에까지 닿았습니다. 2011년 8월 2일이었지요. 주식 시장에서 주가가 유례없는 규모로 엄청나게 폭락하는 사태가 벌어졌습니다. 주식 시장의 붕괴, 이것은 공황을 알리는 신호탄이며 공황은 바로 자본주의의 종말을 암시하는 것입니다. 그러니 오해하지 마십시오. 공황 그 자체가 자본주의의 끝은 결코 아닙니다. 단지 그 끝이 어떤 것인지를 알려 줄 뿐입니다.

공황이 말해 주는 진실, 생산과 소비의 불일치

공황은 무엇이며, 그것은 자본주의의 끝을 어떻게 알리는 걸까요? 공황은 자본주의 경제가 일시적으로 작동을 멈추는 현상을 가리킵니다. 이 말의 내용은 조금 복잡합니다. 작동을 멈춘다는 말과 일시적이라는 말이 상반되는 것이거든요. 작동을 멈춘다는 것은 끝났다는 의미를 담고 있지만, 일시적이라는 것은 아직 완전한 끝이 아니라는 말이니까요.

어째서 이런 수수께끼 같은 일이 벌어지는 것일까요? 그것은 자본주의의 구조에서 비롯된 것입니다.

앞에서 보았듯이 자본주의는 생산과 소비가 분리되고 교환이 양자를 연결시키는 구조입니다. 하나이던 것이 여러 개의 조각으로 나누어지는 것이지요. 그래서 옛날에는 없던 문제가 생깁니다. 옛날에는 생산과 소비가 일치해야 한다는 문제 따위는 아예 존재하지 않았습니다. 생산하는 사람이 소비했으니까요. 그런데 이제 자본주의에서는 생산·교환·소비라는 세 개의 조각이 일치해야 한다는 문제가 생긴 것입니다. 세 조각이 모두 일치하지 않으면 자본주의 경제는 기능을 멈춥니다.

생산된 모든 것은 결국 소비되기 위한 것이며, 소비되는 모든 것도 반드시 어디에선가 생산이 되어야만 합니다. 이 생산과 소비는 오로지 시장이라는 교환 영역을 통해서만 만날 수 있습니다. 생산된 것이 시장에서 소비자를 만나지 못하면 무용지물이 되며, 소비자는 필요한 물건을 시장에서 찾지 못하면 생명을 부지할 수 없게 됩니다. 그래서 이런 말도 나온 것입니다. "시장이 모든 것을 해결한다!"

그러나 정말 그럴까요? 시장이 생산과 소비를 일치시켜 줄까요? 안타깝게도 그렇지 않습니다. 생산과 소비가 일치하지 않는 이유는 매우 단순합니다. 무엇보다 생산하는 사람과 소비하는 사람이 다르고, 두 사람이 각자 생산하는 목적과 소비하는 목적이 다르기 때문입니다. 이처럼 서로 다른 것이 일치해야 한다니 그것이 가능하겠습니까?

우선 생산하는 사람을 볼까요? 자본주의에서 생산을 담당하는 사람은 베짱이입니다. 그가 생산을 수행하는 이유는 개미의 노동을 빼앗기 위해서입니다. 그는 개미의 노동을 빼앗아 부자가 되고자 하는 목적을 가지고 있습니다. 그런데 부자는 다른 사람보다 더 많은 부를 가지고 있어야 부자입니다. 어느 정도의 부를 가지면 부자가 될 수 있을까요?

2011년 5월 29일 영국의 일간지 선데이타임스가 발표한 세계 부호들의 순위를 보면 우리나라 최고의 부자로 손꼽히는 이건희 회장의 재산은 54억 파운드(약 9조 6천억 원)로 알려졌습니다. 우리가 보면 현기증이 날 정도의 재산이지만, 이만한 재산도 세계 순위에서는 겨우 127위에 불과하다고 합니다. 세계 1위는 월마트를 창업한 샘 월든 집안이라고 하는데, 재산이 무려 590억 파운드(104조 9천억 원)라고 합니다. 이건희 회장은 만족할 수 있을까요? 좀 더 분발해야 한다고 생각하지 않을까요?

그러나 설사 분발해서 지금의 10배가 넘는 100조 원 이상을 모았다 해도 1위를 빼앗기는 것은 순식간입니다. 양에는 끝이 없습니다. 아무리 많은 양에도 항상 그보다 더 많은 양이 존재하는 법이니까요. 그래서 부자가 되기 위한 경쟁은 그야말로 무한 경쟁입니다. 끝이 없는 것이지요.

베짱이는 부자가 되기 위해 생산을 수행하고 거기에는 한계가 없습니다. 생산은 무한히 늘어나는 속성을 지니고 있는 것입니다. 그리고 대물림의 장치에서 보았던 축적은 그것을 가능하게 해 줍니다. 그래서 자본주의에서는 생산이 무한히 늘어나는 경향이 있습니다.

그런데 소비하는 사람은 누구일까요? 베짱이도 소비를 하지만 개미도 소비를 합니다. 그리고 베짱이든 개미든 소비를 하는 목적은 똑같습니다. 먹고살기 위해서 소비를 하는 것이지요. 그런데 먹고살기 위한 욕망은 물리적으로 한계가 있습니다. 아무리 현기증 나는 부를 가진 이건희 회장이라도 하루에 식사는 세 끼만 하고 옷은 한 벌밖에 입을 수 없으며 차는 한 대 이상을 탈 수 없습니다. 혹시 손오공처럼 자기 분신을 여럿 만든다면 모르겠지만 말입니다. 물론 좋은 식사를 하고 좋은 옷을 입고 좋은 차를 탈 수는 있지만 거기에도 한계가 있습니다. 너무 기름진 식사는 질병을 불러오게 마련이고, 불필요하게 많은 옷은 짐이 될 뿐이니까요. 베짱이든 개미든 인간의 소비 능력에는 물리적인 한계가 있는 것이지요.

생산은 무한히 늘어나는 속성이 있는데, 소비는 이처럼 결코 뛰어넘을 수 없는 한계에 갇혀 있습니다. 그래서 생산과 소비는 일치할 수 없습니다. 생산이 항상 소비를 앞지르게 되지요. 당연히 소비되지 못하고 남아도는 생산물이 발생합니다. 생산물이 판매되지 않으면 원조 베짱이는 당장 두 가지 문제에 부딪칩니다. 하나는 더 이상 생산을 할 수 없게 된다는 것입니다. 다른 하나는 생산물이 판매되면 갚기로 하고 금융 베짱이에게서 빌린 돈을 갚을 수 없게 된다는 것입니다. 그래서 이제 원조 베짱이에게 돈을 빌려 주었던 금융 베짱이도 곤경에 빠집니다.

금융 베짱이는 자기한테 돈을 맡긴 예금주들에게 이자는 고사하고 원금조차 돌려주지 못하는 사태를 맞게 되며 금융 시장은 혼란에 빠집니다. 금융 베짱이는 더 이상 원조 베짱이에게 돈을 조달해 주기 어려워집니다. 이제는 생산물을 판매할 수 있는 원조 베짱이까지도 돈을 빌릴 수 없게 되어 생산을 중단해야 합니다. 생산의 중단이 사회 전체로 확산되는 것입니다.

결국 경제 전체가 작동을 멈추고 공황이 발생합니다. 공황이란 이처럼 생산과 소비의 불일치 때문에 생산이 중단되고 금융 시장이 혼란에 빠지는 현상을 가리킵니다. 마르크스는 공황의 원인에 대해 이렇게 말합니다.

> 모든 현실적 공황의 궁극적 원인은 항상 자본주의적 생산의 추동력에 대비되는 대중의 빈곤과 소비의 제약에 있으며, 이 추동력은 마치 사회의 절대적 소비 능력만이 생산력의 한계인 것처럼 생산력을 최대한으로 발전시킨다.(3권, 661쪽)

주기적으로 나타나는 공황

그런데 공황은 오래 계속되지는 않습니다. 생산물을 판매하지 못한 원조 베짱이는 금융 베짱이에게서 부도라는 사형 선고를 받고 형장의 이슬로 사라집니다. 공장은 문을 닫고, 당연히 생산도 줄어듭니다. 생산과 소비의 불일치는 완화되고 경제는 다시 작동합니다. 그래서 공황은 일시적인 것입니다.

일정한 규모의 자본이 폐기되거나 놀려짐으로써 균형은 결국 회복될 것이다. (……) 그리하여 순환 과정은 새롭게 시작될 것이다.(3권, 335 · 337쪽)

경제가 다시 작동하면 부를 늘리기 위한 베짱이의 욕망은 다시 살아납니다. 생산은 다시 무한히 늘어나고 소비와의 격차를 낳으면서 또 공황이 발생합니다. 공황은 그래서 반복됩니다. 실제로 공황은 1825년에 처음 나타났는데, 그 뒤 대략 10년을 주기로 반복되었습니다. 그러다가 1870년대에 들어서는 약간 정체되는 양상을 보였으나 1929년에는 치명적인 형태로 폭발했습니다. 그 뒤로는 또 한동안 잠잠한 모습을 보이다가 2008년에 다시 폭발적인 형태로 나타났지요.

공황은 주기적으로 나타나긴 하지만 자본주의의 끝을 가져오지는 않습니다. 언제나 시간이 조금 지나면 사라지니까요. 그러나 공황이 주기적으로 반복된다는 사실 속에는 자본주의의 종말에 대한 암시가 깔려 있습니다. 공황이 주기적으로 반복되는 이유는, 그 원인이 자본주의에서 제거할 수 없는 것이기 때문입니다. 공황의 원인은 바로 부에 대한 베짱이의 무한한 욕망입니다. 자본주의는 자본가가 주인인 세상입니다. 그런데 이 주인이 부에 대한 무한한 욕망을 품고 있습니다. 따라서 자본주의 자체가 없어지기 전에는 공황을 일으키는 이 원인을 제거할 수 없는 것이지요.

어쩌면 이런 생각을 할 수도 있지 않을까요? '그래서 어쨌다는 거야? 공황 그까짓 거 무시해 버려도 돼! 자꾸 나타나서 힘들게 하지만, 어쨌든 시간만 지나면 사라지는 거잖아!' 그렇습니다. 시간만 지나면 사라지는 것은 분명합니다.

그런데 공황은 단지 잠깐 나타났다 사라지기만 하지는 않습니다. 가벼운 매도 자꾸자꾸 맞으면 멍이 드는 법입니다. 권투 선수들이 가볍게 툭툭 치는 잽을 무서워하는 이유는 그것이 누적되면 결국 치명상이 되기 때문입니다. 높은 산에 올라 보면 나무들이 똑바로 서 있지 못하고 옆으로 비스듬히 누워 있는 모습을 볼 수 있는데, 그것은 잠시 지나가는 것처럼 보이는 바람이 반복적으로 불면서 그렇게 만든 것입니다.

자본주의도 마찬가지입니다. 공황은 비록 일시적으로 지나가 버리는 현상처럼 보이지만 반복해서 나타나면서 자본주의를 점점 변형시킵니다. 문제는 이 변형의 방향입니다. 고산 지대의 나무는 바람의 방향에 따라 비스듬히 눕습니다. 자본주의도 공황의 방향에 따라 변형됩니다. 그래서 공황은 자본주의가 변화하게 되는 방향을 가리킵니다. 그것은 곧 자본주의의 끝을 가리키는 것이지요. 자본주의도 카르타고나 로마처럼 결국은 끝을 향해 나아가고 있는 것이니까요. 마르크스는 공황이 새로운 생산형태로 나아가는 길을 알려 준다고 말합니다.

한 역사적 생산형태의 갖가지 모순의 발전은 그 생산형태의

해체와 새로운 형성으로 가는 유일한 역사적 경로이다.(1권, 651쪽)

공황이 가리키는 방향

그러면 공황이 가리키는 방향은 어디일까요? 공황은 자본주의 내부의 구조적인 결함 때문에 발생합니다. 우선 하나로 통합되어 있던 생산과 소비가 분리되었기 때문입니다. 다음으로는 생산이 베짱이의 무한한 욕망에 의해 이루어지는 반면 소비는 인간의 생물학적 한계에 갇혀 있기 때문입니다. 구조적으로 일치할 수 없게 되어 있는 것입니다. 바로 이런 불일치 때문에 일어나는 공황은 불일치를 강제로 일치시키는 과정이지요. 남아도는 생산물을 폐기하는 방식으로 말입니다. 공황은 생산과 소비의 불일치를 일치시키는 방향을 가리킵니다.

그런데 생산과 소비를 일치시키는 방향이란 어떤 것일까요? 불일치의 원인은 생산의 무한한 확대와 소비의 물리적 한계에 있었지요? 여기에서 소비의 물리적 한계는 인간이라는 생물체의 자연적 한계에 의해 결정됩니다. 인간의 생리적 구조가 하루세 끼 이상을 소화시키지 못하고 옷을 한 번에 한 벌밖에 입지 못하는 것입니다. 따라서 소비의 한계는 이미 자연적으로 주어져 있습니다. 그것은 인간이 바꿀 수 있는 것이 아닙니다.

그렇다면 생산과 소비를 일치시키는 방향은 결국 생산을 소비에 맞추는 것일 수밖에 없습니다. 그런데 생산은 부에 대한 베짱이의 욕망에 의해 결정됩니다. 이 욕망은 베짱이 혼자만의 개인적인 것입니다. 이 욕망도 자연적인 것일까요? 인간은 원래 욕망을 가진 동물이니까요.

그러나 베짱이의 욕망은 그런 자연적인 욕망과는 다릅니다. 베짱이가 얻고자 하는 부는 개미의 노동, 즉 타인의 노동을 빼앗은 결과로 얻은 것입니다. 베짱이의 욕망은 개미에게 의존해 있고 개미와의 관계를 통해서만 충족됩니다. 그러므로 베짱이의 욕망을 규제할 수 있는 것은 바로 개미이며, 개미는 베짱이와의 관계를 통해서 이 욕망을 규제할 수 있습니다.

이것은 개미와 베짱이의 관계가 근본적으로 달라진다는 것을 뜻합니다. 원래 개미와 베짱이의 관계는 베짱이가 마음대로 하는 관계였습니다. 대물림의 장치는 바로 그런 관계를 확인해 주는 것이었습니다. 그런데 베짱이의 욕망이 개미에 의해 규제된다면, 그것은 둘의 관계가 베짱이 마음대로 하는 관계에서 개미와 베짱이가 함께 결정하는 관계로 바뀌는 것을 의미합니다. 이것이 바로 공황이 가리키는 방향입니다. 혼자서 마음대로 결정하는 독단적인 관계가 두 사람이 함께 결정하는 협력적이고 민주적인 관계로 바뀌는 것이지요.

그런데 이처럼 자본주의의 주인인 베짱이가 자기 마음대로 결정하지 못한다면 그것은 이미 자본주의가 아닙니다. 그래서 공황이 가리키고 있는 방향은 바로 자본주의의 끝이기도 합니다. 그러나 너무 앞서 나가지는 마십시오. 자본주의는 공황에 의해 끝나는 것이 아닙니다. 공황은 단지 자본주의가 자신의 끝을 향해 꾸준히 나아가고 있으며 그 끝이 어떤 모습일지 암시할 뿐입니다. 실제로 자본주의가 언제 어떻게 끝날지는 공황 그 자체만 가지고는 전혀 알 수 없습니다. 어쨌든 이제 우리는 자본주의의 끝을 이야기하는 지점에까지 왔습니다.

우리는 앞서 자본주의를 작동시키는 대물림의 두 가지 장치를 얘기하면서 이들 장치의 문제점 때문에 자본주의는 지속되기 어려운 구조로 되어 있다는 점을 지적했습니다. 임금의 관리라는 장치는 개미들에 의해 점차 교섭이라는 형태로 변할 수밖에 없었고, 축적이라는 장치는 그 자체가 베짱이의 몫을 줄이는 진퇴양난의 모순을 안고 있었습니다. 그리고 공황을 통해 우리는 생산과 소비가 분리된 자본주의의 구조 전체에서 발생하는 문제점을 살펴보았습니다.

이것들은 모두 개미들이 버스에서 내리고 싶어 하는 이유, 즉 불안하고 위태롭게 운행되는 버스의 내막에 관한 것입니다. 그것은 마르크스가 영국으로 향하는 뱃전에서 품은 의문 가운데 한 가지, 즉 "혁명은 왜 일어났는가?"에 대한 답입니다.

그러나 마르크스에게는 아직 한 가지 의문이 더 남아 있었는데, 사실은 그것이 더 중요한 의문이었습니다. "혁명은 왜 실패했는가?" 바로 이 의문이었지요. 그것은 곧 "어떻게 하면 혁명을 성공으로 이끌 수 있는가?"에 대한 해답을 의미합니다. 이제 우리는 그것을 얘기할 때가 되었습니다.

참된 자유의 나라를 꿈꾸다 14

2007년 대통령 선거의 수수께끼

우리나라에서 있었던 정치적 사건 가운데 제가 개인적으로 참으로 궁금하게 생각하는 일이 하나 있습니다. 솔직히 저는 정치에 대해서는 보통 사람들보다 훨씬 관심이 적은 사람입니다. 저와는 체질적으로 거리가 너무 먼 풍토 때문입니다. 그러나 이 한 가지 사건만은 유독 눈을 떼기 어려웠습니다. 2007년 대통령 선거가 바로 그것입니다. 그때 선거의 쟁점은 바로 저의 전공 영역인 경제 문제였습니다. 노무현 정부가 국민들에게 안긴 경제적 실망감이 매우 컸던 탓으로 보입니다.

선거 결과는 모든 사람들이 예상했던 그대로 나왔습니다. 경제를 살리겠다는 모토를 내건 한나라당(현재 새누리당)의 이명박 후보가 손쉽게 당선된 것이지요. 득표수는 1,145만 표였습니다.

이명박 후보는 선거 운동 기간 내내 경제 대통령을 자처하면서 경제에 대한 확고한 자신감을 보였습니다. 그런데 이명박 후보의 당시 경제 정책 공약을 찬찬히 훑어보면, 경제를 살리겠다는 내용이 기업에 유리한 조건을 만들고 인건비 부담을 덜어 주겠다는 것이었습니다. 이 말 속에는 비정규직* 노동자를 늘리겠다는 뜻이 분명하게 포함되어 있었습니다(이른바 '노동 시장 유연화'라는 표현이 그것입니다).

이것이 과연 경제를 살리는 길일까요? 노동자들 가운데 비정규직 노동자가 되는 것을 바람직하다고 여기는 사람이 얼마나 될까요? 여러분은 어떻게 생각합니까? 정규직과 비정규직 가운데 어느 것이 더 좋은 일자리입니까? 상식을 가진 사람이라면 과연 비정규직을 더 좋은 일자리라고 생각할까요?

그런데 정부의 공식 통계에 따르면 2007년 대선이 치러질 때 우리나라의 비정규직 노동자 수는 약 570만 명이었습니다. 통계에 잡히는 노동자는 성인이고 대부분 가족이 있습니다. 이들 비정규직 노동자들이 모두 1명씩의 가족과 함께 투표를 한다면 그 표수가 1,140만 표입니다. 바로 이명박 후보가 받았던 표수와 거의 같습니다.

2007년 대선에서 이명박 후보와는 반대로 비정규직 노동자를 줄이겠다고 공약한 후보가 한 사람 있었습니다. 민주노동당(현재 통합진보당)의 권영길 후보였지요. 그런데 권영길 후보가 받은 표수는 70만 표였습니다. 참고로, 당시 민주노총의 조합원

* 고용의 안정성이 보장되지 않는 일을 말합니다. 임시직, 일용직 따위가 이에 속합니다.

수만 해도 80만 명이 넘었습니다. 제가 별로 관심이 없는 정치 분야에서 유독 궁금해하는 문제는 바로 이것입니다. 비정규직 노동자들은 물론 민주노총 조합원들마저도 왜 권영길 후보에게 표를 던지지 않았을까요? 자신들의 처지를 개선해 주겠다는 후보가 명백히 있는데도 왜 그 후보에게 표를 던지지 않았을까요? 표수로 보아 이들 가운데 상당수는 오히려 이명박 후보에게 표를 던진 것이 분명합니다. 도대체 이 사실을 어떻게 이해해야 할까요?

혁명은 왜 실패했을까?

여러분, 그러나 사실 이것은 마르크스의 『자본』을 읽고 나면 별로 궁금해할 일이 아닙니다. 『자본』 속에 바로 그 답이 담겨 있거든요. 이 의문은 마르크스가 런던으로 가는 뱃전에서 가슴속에 품었던 또 하나의 의문, "혁명은 왜 실패했을까?"와 관련된 것입니다.

마르크스는 위태롭게 운행되는 버스에서 승객들이 내리지 못한 이유를 알아냈습니다. 운행 중인 버스에서 내리려면 버스가 위태롭다는 사실만으로는 부족했던 것입니다. 버스 승객들은 원래 저마다 가야 할 목적지들이 있습니다. 버스에서 내리려면 자기가 가야 할 목적지로 태워다 줄 다른 대안이 마련되어야 했던 것이지요. 버스가 위태롭다고 해서 아무 대책 없이 그냥 내리기만 할 수는 없었던 것입니다.

노동자들이 권영길 후보에게 표를 던지지 못한 까닭은 대안을 충분히 마련하고 있지 않다는 생각 때문이었던 것입니다. 혁명이 실패한 이유는 그것이 믿을 만한 대안을 담고 있지 않았기 때문입니다. 그렇다면 마르크스는 『자본』에서 어떤 대안을 제시하고 있는 것일까요?

대안은 일단 두 개의 요소로 이루어져야 합니다. 하나는 지금의 버스를 대신해서 목적지로 갈 수 있는 새로운 버스이며, 다른 하나는 지금의 버스에서 새로운 버스로 어떻게 옮겨 탈 것인지 방법의 문제가 바로 그것입니다. 보통 목표와 수단이라고 하는 것입니다. 여기에서는 먼저 목표를 다루고, 다음 장에서 수단을 다루도록 하겠습니다.

『자본』의 해답은 자유의 나라

그러면 『자본』이 목표로 삼은 대안적 경제 구조는 어떤 것일까요? 우리는 앞에서 개미를 모두 베짱이로 만드는 방법은 성공하기 어렵다는 것을 보았습니다. 또한 많은 개미들이 목을 매고 기대하는 달콤한 대박의 꿈도 결국 신기루일 뿐이라는 사실도 밝혔습니다. 실제로 개미가 개미라는 처지에서 벗어날 수 있는 방법은 없습니다. 개미는 개미로 살아가야만 합니다. 즉 개미가 노동하지 않고 부를 얻는 방법은 없습니다.

그렇다면 개미는 자신의 노동을 통해서 자신의 처지를 개선하는 방법밖에 없습니다. 그런데 우리가 처음 얘기를 시작할 때

보았듯이 개미의 문제는 노동이 지나치게 과도하다는 점과 이런 노동에도 불구하고 그가 가난에서 벗어나지 못한다는 것이었습니다. 과도한 노동과 절망적인 가난이 바로 개미들이 버스에서 내리고자 하는 이유였던 것입니다.

마르크스는 개미의 노동을 변화시키는 것이 바로 대안적 경제 구조라고 말합니다. 개미의 노동이 어떻게 된다는 것일까요?

> 자유의 나라는 궁핍과 외적인 합목적성(베짱이가 돈을 벌려는 목적으로 개미에게 노동을 시킨다는 뜻입니다-지은이) 때문에 강제로 수행되는 노동이 멈출 때 비로소 시작된다.(3권, 1095쪽)

개미의 노동에서 강제성을 없애는 것, 그것이 바로 대안적 경제 구조의 출발점입니다. 여기에서 강제를 벗어났다는 의미로 사용되는 '자유'가 흔히 '노동 해방'이라고 하는 말의 참된 뜻을 담고 있는 말입니다. 『자본』이 말하는 노동 해방은 노동을 하지 않는다는 의미가 아니라(가끔 이런 터무니없는 오해를 하는 분들도 있더군요) 타인이 강제로 시키는 노동을 그만둔다는 의미입니다. 물론 이때의 타인은 바로 베짱이입니다. 따라서 이 말은 곧 베짱이가 사라진다는 것을 뜻합니다.

베짱이도 원래 사람입니다. 그도 먹고살아야 합니다. 그런데 베짱이는 자신이 노동하지 않고 개미에게 강제로 시킨 노동으로 먹고삽니다. 노동만이 먹고살 수 있는 부이니까요. 그런데 모든 개미가 강제로 하던 노동을 멈추면 베짱이는 먹고살 수 없게 됩니다. 그도 먹고살기 위해서는 스스로 노동을 해야 합니다. 그래서 베짱이도 이제 개미가 되는 것입니다.

베짱이를 개미로 만드는 것과 관련하여 깊은 생각을 하게 만드는 영화가 한 편 있습니다. 1987년에 제작된 『마지막 황제』라는 영화입니다. 제가 이 영화에서 가장 깊은 인상을 받았던 것은 황제 푸이를 평범한 인민으로 만드는 수용소의 교화 장면입니다.

여러분, 황제가 왜 황제일까요? 그를 황제로 만드는 것은 바로 사회적 관계입니다. 사회적 관계는 사람들 사이의 관계를 뜻합니다. 그래서 황제가 황제인 까닭은 누군가가 그를 황제로 모시기 때문입니다. 수용소장의 교화 방법은 아주 간단했습니다. 황제에게 강압적으로 "너는 더 이상 황제가 아니야!"라고 가르치려 한 것이 아니라, 황제를 가만히 내버려 둔 채로 단지 아무도 더 이상 그를 황제로 모시지 않게 하는 것이었답니다. 아무도 그의 세숫물을 준비해 주지 않고 그의 신발과 옷을 입혀 주지 않으며 그의 이부자리를 마련해 주지도 않습니다. 그러자 그는 평범한 인민으로 다시 태어납니다. 사회적 관계의 변화가 핵심이었던 것입니다. 마르크스는 이 점을 흑인 노예의 경우에 빗대어 다음과 같이 말합니다.

흑인은 흑인이다. 일정한 관계(이 관계는 사람과 사람 사이의 관계를 뜻합니다-지은이)를 통해서 그는 비로소 노예가 된다.

(1권, 1026쪽)

자유의 나라의 핵심은 베짱이가 없는 것

개미가 자신의 뒤바뀐 운명을 바로잡는 방법은 자신이 베짱이가 되는 것이 아니라 베짱이를 개미로 만드는 것입니다. 마르크스의 대안은 재테크의 방법과는 반대입니다. 그리고 베짱이를 개미로 만드는 방법은 베짱이를 타도하는 데 있는 것이 아니라 개미가 베짱이를 위한 노동을 멈추는 데 있습니다.

그런데 베짱이가 원래 노동하지 않고 개미에게 노동을 시킬 수 있었던 끼닭은 노동력 이외의 다른 생산요소, 즉 생산수단을 가지고 있었기 때문입니다. 자본주의에서 생산수단은 자본의 모습을 띠고 있고 그래서 우리는 베짱이를 자본가라고도 부릅니다. 개미가 베짱이를 위한 강제 노동을 멈추게 된다는 것은 베짱이가 더는 생산수단을 갖지 못한다는 뜻인데, 어떻게 해서 그렇게 되는지는 다음 장의 버스를 갈아타는 방법에서 다루겠습니다.

이제 모든 베짱이를 개미로 만들었다면 베짱이들이 가지고 있던 생산수단은 어떻게 되는 것일까요? 자연히 그것은 개미가 소유해야 합니다. 개미들은 경제적인 능력에서 큰 차이가 없습니다. 즉 개미들이 가지고 있는 노동량은 자연이 부여한 바에 따라 똑같습니다. 누구나 하루 최대 24시간을 가지고 있으며, 이

가운데 건강이 허락하는 노동시간은 생물학적으로 비슷할 수밖에 없습니다. 개미들끼리는 부를 만드는 능력에서 별다른 차이가 없는 것입니다.

그래서 베짱이가 없는 사회에서 생산수단은 모든 개미가 공평하게 소유할 수밖에 없습니다. 결국 어떤 특정한 개미가 특정한 생산수단을 갖는 것이 아니라, 모든 생산수단을 사회가 공동으로 소유하게 되는 것입니다. 그래서 마르크스는 자유의 나라에 대해 이렇게 말합니다.

공동의 생산수단으로 노동하면서 각자의 개별 노동력을 하나의 사회적 노동력으로 인식하며 지출하는 자유인들의 결사체 (모든 구성원이 자발적인 의사로 모여 있는 집단적인 조직을 뜻합니다-지은이)(1권, 142쪽)

그러면 이제 대안적 경제 구조에서 생산의 구조가 어떻게 바뀌는지 알 수 있습니다. 베짱이는 사라지고 생산수단은 개미들이 공동으로, 즉 사회적으로 소유합니다.

혹시 '사회적 소유'가 어떤 것인지 얼른 이해하기 어렵습니까? 사실 그것은 별다른 것이 아닙니다. 자본주의에도 사회적 소유는 많이 존재하거든요. 물·전기·철도·항만 등 보통 사회간접 자본이라고 하는 것들이 사회적으로 흔히 소유되고 있는 대표적인 것들입니다. 한국전력·수자원공사·철도공사·항만

공사같이 공기업이라고 하는 것들이 바로 그런 것입니다. 대학생들 사이에서 이들 공기업은 대개 '신이 내린 직장'이라고도 불리지요. 이런 공기업들은 개별 자본가가 소유하지 않고 국가나 사회가 공동으로 소유하고 있지 않습니까? 바로 이런 형태들이 사회 전체의 생산 영역으로 확대되는 것이지요.

생산이 이루어지고 나면 우리가 먹고사는 데 필요한 각종 물건들이 만들어집니다. 이제 이것들을 소비해야 합니다. 경제는 사실 생산을 해서 소비하는 것이 전부이지요. 그러면 베짱이가 없는 자유의 나라에서는 생산된 물건들이 어떻게 분배되어 소비될까요?

분배는 공평하게

자유인들의 (……) 결사체의 총생산물은 하나의 사회적 생산물이다. (……) 각 생산자에게 돌아가는 생활 수단의 몫은 각자의 노동시간에 의해 (……) 결정된다. (……) 사회적으로 계획된 노동시간의 배분은 다양한 욕망과 각종 작업 간의 적절한 비율을 규제한다.(1권, 142쪽)

생산수단이 사회적으로 소유되기 때문에 만들어진 물건들은 사회가 소유하게 되고 사회는 이 생산물들을 생산에 참여한 개미들에게 분배합니다. 그리고 분배의 기준은 바로 부의 크기를 결정하는 노동시간이 됩니다. 즉 일하는 만큼 몫이 돌아가는 것입니다.

그런데 우리가 알다시피 한 공장이나 사무실에서 함께 일하는 개미들은 특별히 기술적인 문제가 없는 한, 대개 같은 시간에 노동을 시작하고 같은 시간에 노동을 끝냅니다. 그리고 자본주의가 만들어 놓은 유산 때문에 노동시간은 사회적·국제적으로 규제되고 있습니다. 따라서 분배되는 생산물, 즉 부의 크기는 거의 비슷합니다. 또한 모든 개미는 자연이 부여한 하루 24시간을 최대의 노동시간으로 하며 생물학적으로 건강을 유지하기 위한 일정한 노동시간의 한계는 똑같습니다. 따라서 사회적 생산물은 개미들에게 거의 공평하게 분배됩니다.

어떻게 하는 것이 공평하게 분배하는 것일까요? 개미들은 생산에 투입할 수 있는 노동시간을 똑같은 크기로 가지고 있는 것과 마찬가지로 소비에서도 거의 비슷한 욕망을 가지고 있습니다. 우선 모든 사람은 생물학적으로 동일한 욕망을 품고 있습니다. 먹고, 마시고, 입고, 잠자고 싶은 욕망 같은 것이지요. 이처럼 모든 개미에게 공통된 욕망은 사회가 한꺼번에 해결해 줍니다. 이런 소비는 개인이 별도로 부담하지 않습니다. 예를 들어 출산을 하고, 교육을 받고, 병원에서 치료받고, 노동 능력을 상실했을 때도 먹고살 수 있고, 죽으면 장례를 치르는 등은 모두 사회가 부담합니다.

우리나라에서도 병원에 가거나 병원 처방을 받아서 약국에

가면 치료비와 약값 가운데 우리는 일부만 내고 나머지는 국민건강보험공단에서 부담하지 않습니까? 이것이 바로 공평한 분배입니다. 단, 우리는 사회가 일부만 부담하고 나머지는 개인이 부담하지만, 자유의 나라에서는 사회가 모두 부담하고 개인은 전혀 부담하지 않는답니다. 실제로 자유의 나라에 아직 도달한 것은 아니지만 조금 가까이 다가선 유럽의 나라들, 특히 북유럽의 나라들에서는 이런 것들을 모두 사회가 부담하고 개인이 일절 부담하지 않고 있습니다.

제가 독일에 잠시 머물 때 있었던 일입니다. 잘 아는 유학생 후배의 부인이 집 앞에서 아이들과 스게이트보드를 타다가 발목이 부러져서 병원에 실려 간 적이 있었습니다. 그때 남편인 후배는 저와 함께 다른 곳에 일을 보러 간 참이어서 뒤늦게 사태를 알게 되었답니다. 깜짝 놀란 후배와 급히 병원에 갔더니 벌써 수술이 끝나서 후배 부인은 발목에 깁스를 하고 누워 있더군요. 사고가 날 때 현장에는 아이들뿐이어서 후배 부인은 아무런 증명서나 서류도 챙기지 못한 채 곧바로 병원에 실려 갔습니다. 그럼에도 의사가 보험이 있는지 여부는 물론 환자의 신상조차 물어보지 않고 일단 수술부터 한 것이었습니다. 의료비를 개인이 부담하는 법이 전혀 없는 그 사회의 관행 때문이었습니다.

더욱 놀란 것은 그다음이었습니다. 며칠 뒤 일단 퇴원하고 통원 치료를 하라는 의사의 처방을 받고 나자 의료 보험 회사(학생들이 가입하는 아주 값싼 의료 보험이 따로 있답니다)에서 환자 수당을 주겠다며 계산을 하러 오더군요. 환자 수당이란 환자가 주부이기 때문에 집안일을 대신해 줄 도우미 수당과 통원 치료를 위해 병원까지 오갈 때 이용해야 하는 택시비였습니다.

　사회적 생산과 짝을 이루는 '사회적 소비'란 바로 이런 것입니다. 이 일을 통해 저는 우리의 현실은 아직 사회적 소비와 얼마나 멀리 떨어져 있는지를 절실하게 깨달을 수 있었답니다. 병원에 도착하면 일단 의료 보험 가입 여부를 확인하고 입원비 보증인부터 세워야만 입원할 수 있고, 통원 치료에서 보험의 지원을 받는 것은 꿈도 꾸지 못하니 말입니다. 어쨌든 자유의 나라에서는 생산과 소비가 이처럼 사회적으로 이루어집니다.

　그런데 사람은 원래 모두가 똑같지 않습니다. 생산과 소비가 모든 사람에게서 완전히 똑같이 이루어지는 것은 인위적으로 만들어 낸 복제 인간의 사회에서나 가능한 일이지요. 인간은 분명 노동시간이나 소비의 욕망에서 비슷한 면이 있긴 하지만, 사람들 사이에는 개인적인 차이가 존재합니다. 중국집에 가서 모든 사람이 똑같이 자장면만 먹는 것보다는 우동이나 짬뽕을 먹는 사람이 섞여 있는 것이 자연스러운 일 아니겠습니까? 그런 차이가 있기 때문에 인간인 것이지요. 우리가 "거참, 인간적이군!"이라고 할 때 그것은 천편일률적으로 동일한 인간을 염두에 둔 것이 아니라 제각기 개성이 다른 인간을 염두에 둔 것 아니겠습니까?

〈시골의 결혼 잔치〉

피터르 브뤼헐, 1565년

옛날에 결혼은 개인의 일이 아니라 마을 공동의 일이었다.
그래서 마을 사람들은 다 같이 준비하고 다 같이 즐기며 서로서로 도왔다.
사회적 소비는 옛날에 마을 사람들이 큰일을 함께 준비하며
서로 돕던 것과 맥락이 닿는다.

진정한 인간의 영역

그래서 사회적 생산과 사회적 소비를 넘어서는 개인들 간의 차이가 존재하는 영역이 현실적으로 존재합니다. 마르크스는 이 영역이야말로 진정한 인간의 영역이라고 생각했습니다. 마르크스는 자유의 나라가 두 부분으로 이루어져 있으며, 생산과 소비를 사회적으로 공유하는 영역을 넘어서서 개인들 간의 차이가 드러나는 영역이야말로 진정한 자유의 나라라고 말합니다. 그 영역은 사회적 생산과 소비가 아닌 '개인적 생산과 소비'의 영역으로, 이 둘 사이의 경계는 노동시간에 의해 결정됩니다.

> 자유의 나라는 (……) 물적 생산 영역(즉 생산과 소비의 경제 영역―지은이)의 너머에 존재한다. (……) 이 나라(물적 생산영역을 가리킵니다―지은이)의 저편에서 비로소 자기목적으로 간주되는 인간의 힘의 발전[즉 참된 자유의 나라]이 시작되는데, (……) 노동일(노동시간을 가리킵니다―지은이)의 단축이야말로 그것을 위한 근본 조건이다.(3권, 1095쪽)

사회적 영역을 넘어서서 개인적 영역을 이루는 진정한 자유의 나라는 노동시간의 단축을 통해서 만들어집니다. 왜 그럴까요? 인간이 동물의 세계를 벗어나게 된 것은 도구의 사용을 통해 먹고사는 데 필요한 노동시간을 줄이면서부터였습니다. 노동시간이 줄면서 인간은 여가시간이라는 것을 갖기 시작했으며 그

시간을 사용해서 동굴에 벽화를 남기게 되었습니다. 우리는 그 벽화를 남긴 이를 동물과 구별되는 인류의 기원으로 삼고 있습니다. 즉 인간은 하루의 시간을 모두 노동시간으로 채우는 동물과 달리 노동시간 외에 여가시간이라는 것을 따로 가지고 있는 것입니다. 자기가 하고 싶은 것을 마음대로 할 수 있는 이 여가시간이 바로 진정한 인간의 영역입니다. 그것은 모든 사람이 함께하는 사회적 시간이 아니라 각 개인이 자신의 자유를 마음껏 누리는 개인만의 시간이기 때문입니다.

그런데 자본주의가 되면서 개미의 노동시간은 베짱이가 강제로 시키는 노동시간으로 바뀌었습니다. 베짱이는 자신의 욕망을 채우기 위해 개미에게 노동을 시켰는데, 그의 욕망은 무한한 것이었습니다. 아무리 현기증 나는 부를 가지고 있어도 더 큰 부자가 되기 위해 남보다 더 많은 부를 가져야 했고, 현재의 부는 언제나 부족한 것일 뿐이었습니다. 그래서 개미의 노동시간은 최대한으로 늘어나고 여가시간은 극도로 줄어들었습니다.

그러나 자유의 나라에서는 베짱이의 이런 욕망을 채우기 위한 노동시간이 존재하지 않습니다. 당연히 노동시간은 획기적으로 줄고 여가시간이 크게 늘어납니다.

노동시간이 얼마만큼 줄어드는지 한번 계산해 볼까요? 우리가 앞에서 예로 든 택시 기사의 경우 베짱이의 몫은 택시 기사의 총 노동시간 가운데 약 3분의 2였습니다. 따라서 우리 사회가 현재의 생활 수준을 그대로 유지한다고 가정하면, 다시 말해서 개미들이 현재 받고 있는 임금을 그대로 받는다고 가정하면, 개미들의 노동시간은 지금의 약 3분의 1로 줄어듭니다. 하루 8시간 노동은 2시간 반으로 줄어들고 일주일에 40시간이던 노동시간은 13시간으로 줄어드는 것입니다. 따라서 하루 8시간 노동을 계속한다면 일주일에 하루 반만 일하고 나머지 닷새 반은 휴일이 됩니다. 지금의 토요일과 휴일이 노동하는 날이 되고 지금의 평일이 모두 휴일이 되는 것입니다. 노동시간과 여가시간이 서로 자리를 바꾸어 버리는 것입니다.

여가시간에 사람들은 무엇을 하지요? 자기가 하고 싶은 것을 하지 않습니까? 그렇습니다. 자기가 하고 싶은 것을 하는 것, 그것이 바로 진정한 자유의 나라입니다. 인간이 동물과 구별되는 점이기도 하고요. 이것은 개인이 자기만의 개성을 발현하는 영역입니다. 최근 많이 강조되고 있는 인간의 창의성도 바로 이같은 자신만의 개성을 발현하는 과정에서 만들어집니다.

혹시 '버킷 리스트'라는 말을 들어 본 적이 있습니까? 죽기전에 꼭 하고 싶은 일을 적은 목록을 말하는데, 같은 이름의 영화도 있답니다. 암으로 시한부 삶을 선고받은 두 노인이 병원에서 의기투합하여 남은 생애 동안 그 목록에 적은 일들을 하나씩 실행에 옮긴다는 내용입니다. 2011년에 방영된 '여인의 향기'라는 텔레비전 드라마에서도 6개월 시한부 선고를 받은 여주인공이 이것을 작성하는 장면이 나오기도 했습니다. 이와 비슷한 주제를 다룬 영화나 드라마는 헤아릴 수도 없을 정도로 많습니다.

〈삶의 기쁨〉

앙리 마티스, 1906년

마티스는 일하는 사람들이 아무 근심 걱정 없이 편안하게 보낼 수 있는
꿈의 세상을 그림으로 표현했다. 풍요로운 색채가 그림을 가득 메우고,
춤을 추는 이, 음악을 즐기는 이, 이야기를 나누는 이들이 모두 자유롭고
평화롭다. 사회적 소유와 사회적 소비가 이루어지면 여가시간이 크게 늘어나
이 그림처럼 모든 사람이 함께 삶의 열정과 기쁨을 누리는 사회가 될 것이다.

그만큼 버킷 리스트는 우리 모두에게 애절한 의미가 있기 때문입니다.

이는 우리가 하고 싶은 것을 제대로 하면서 살지 못하는 현실을 반증하는 것 아닐까요? 왜 그럴까요? 왜 우리는 하고 싶은 것도 제대로 하지 못하면서 살아야 할까요? 그럴 시간이 없었던 것입니다. 노동시간이 훨씬 많고 여가시간이 거의 없어서 그랬던 것입니다. 그리고 노동시간이 많았던 까닭은 베짱이가 개미의 시간을 강제로 빼앗아 갔기 때문입니다. 그러나 베짱이가 사라지고 강제로 하던 노동이 멈추면 이제 이들 두 시간이 서로 자리를 바꾸어, 노동시간은 사회적으로 필요한 최소의 수준으로 줄어들고 여가시간은 최대한으로 늘어나게 됩니다.

자유의 나라는 실현 가능할까?

우리는 마르크스가 『자본』에 제시한 대안적 경제 구조의 모습을 대략적으로 살펴보았습니다. 일단 베짱이가 사라지고 나면 생산과 소비의 영역은 모두 둘로 나누어집니다. 하나는 모든 개미에게 공통된 영역이며, 다른 하나는 모든 개미의 개성이 발휘되는 영역입니다. 이들 두 영역은 개미에게 노동시간과 여가시간의 영역으로 나타납니다. 전자는 모든 개미에게 공통된 사회적 영역이며, 후자는 모든 개미가 제각기 개성의 차이를 드러내는 개인적 영역입니다. 이것이야말로 『자본』이 제시한 대안적 경제 구조, 즉 진정한 자유의 나라입니다.

그런데 혹시 이런 의심이 들지 모르겠습니다. 이런 나라가 정말 존재할 수 있는 것일까? 다행히(사실은 불행이지만) 그런 염려는 하지 않아도 될 것 같습니다. 『자본』을 우리보다 먼저 읽고 그 대안적 경제 구조를 향해 먼저 출발한 나라들이 있어서 우리는 바로 그 자유의 나라의 현실적인 모습을 조금이나마 엿볼 수 있기 때문입니다.

사실 현재 지구상에는 마르크스가 얘기한 자유의 나라에 완전히 도달한 나라는 한 군데도 없습니다. 그러나 『자본』을 통해 제시된 그런 자유의 나라를 향해 가려고 노력하는 나라들이 있고, 그래서 거기에 약간 다가서 있는 나라들이 존재합니다. 주로 알프스 북쪽의 유럽 나라들이 그렇습니다. 앞에서 의료의 사회적 소비와 관련하여 잠깐 언급한 독일도 여기에 포함되는 나라입니다.

여가시간과 관련하여 이 나라들이 보여 주는 사례를 한 가지만 들면 우리에게 충분한 교훈이 되리라고 생각합니다. 우리나라 노동자들은 연간 노동시간도 길뿐더러 휴가가 너무 짧습니다. 거의 대부분의 직장에서 휴가는 일 년에 5일, 즉 주말의 휴일을 포함하면 1주일이지요. 이에 견주어 알프스 북쪽의 나라들은 연간 노동시간도 짧지만 휴가 일수도 대개 연간 30일, 즉 주말의 휴일을 포함하면 6주일입니다. 이 나라들의 개미들은 이 휴가를 대부분 여름에 4주일, 부활절에 1주일, 연말에 1주일 사용합니다.

그런데 여러분, 혹시 이렇게 휴가를 길게 가고 일을 적게 하면 이 나라들이 세계 시장에서 경쟁에 뒤지는 것이 아닐까 하고 걱정됩니까? 걱정하지 마십시오. 그런 걱정은 잘못됐을 뿐만 아니라, 현실은 오히려 그 반대랍니다. 인간이 동물 상태에서 벗어난 문명의 출발점은 도구의 발명과 발달에 있었고, 도구의 발달은 여가시간에 인간이 자유로이 생각하면서 찾아낸 아이디어들의 결과였습니다. 그래서 여가시간이 길어지면 창의적인 생각이 풍성해지고 그것은 생산력의 발전을 가져와서 오히려 국가의 경쟁력을 강화시킨답니다.

우리나라 학생들은 아침부터 한밤중까지 이어지는 학교 수업과 과외에 시달리면서 열심히 공부합니다. 반면 북유럽 학생들은 훨씬 긴 방학 동안 휴가지에서 부모들과 펑펑 노는 것처럼 보입니다. 그런데 북유럽 학생들이 나중에 우리보다 훨씬 더 큰 경쟁력을 갖는 이유는 무엇일까요?

휴대 전화 분야에서 삼성의 최대 경쟁자인 노키아는 바로 이 자유의 나라에 가까이 다가선 나라로 유명한 핀란드의 대표 기업입니다. 게다가 핀란드는 디자인 분야에서 세계적으로 최강자의 자리를 차지하고 있습니다. 바로 창의력을 경쟁력으로 하는 분야에서 말입니다. 참고로, 핀란드는 인구가 겨우 500만 명으로 우리나라 인구의 10분의 1에 불과한 작은 나라랍니다. 자유의 나라에 대해서 좀 더 적극적으로 생각해 볼 필요가 있지 않을까요? 우리도 그런 사회가 되어야 하는 것 아닐까요?

이제, 현재의 버스에서 내려 이 자유의 나라로 옮겨 가는 문제가 남아 있습니다. 아무리 좋은 대안이 있어도 거기로 옮겨 갈 방법이 막연하다면 그야말로 그림의 떡에 불과하지 않겠습니까? 물론『자본』에는 바로 그 대안으로 옮겨 가는 방법도 자세히 제시되어 있답니다. 『자본』이 위대한 책인 이유는, 그리고 베짱이들이 그렇게 무서워하는 판도라의 상자인 이유는 바로 그 때문입니다. 또한 이 방법은 알프스 북쪽 유럽 나라들의 개미들이 자유의 나라로 다가갔던 방법이기도 합니다.

자, 건너편에 우리가 타고 싶은 새로운 버스가 있습니다. 지금의 버스에서 어떻게 거기로 옮겨 탈 수 있을까요? 『자본』은 우리에게 어떤 방법을 일러 주고 있을까요?

운명을 뒤집는 지렛대 15

1848년 마르크스는 대다수 개미들이 그렇게 갈망했음에도 혁명이 참담하게 실패하는 것을 지켜보았습니다. 그는 사회의 변화가 그런 방식으로는 오지 않는다는 사실을 깨달아야만 했습니다. 버스에서 내리겠다는 개미들의 강렬한 의지에 무엇인가가 빠져 있는 것이 분명했습니다. 도대체 무엇이 빠져 있었을까요? 오른쪽 사진을 잠깐 봅시다.

여러분, 이 바위는 인도의 첸나이라는 곳에 있습니다. 제가 현대자동차 노동조합의 일로 첸나이에 갔다가 우연히 보게 된 바위입니다. 바위가 경사진 언덕 중간에 있어서 한눈에도 매우 위태로워 보였습니다. 그래서 분명 무슨 곡절이 있겠거니 싶어 안내인에게 물어보았습니다.

안내인의 설명에 따르면, 옛날 이곳을 다스리던 왕이 지나가다 이 바위를 보았답니다. 바위가 매우 위태로워 보여서 왕은 병사들에게 바위를 언덕 아래 안정된 곳으로 굴려 떨어뜨리라고

인도의 첸나이 바위

경사진 언덕 한가운데에 있는 바위가 위태로워 보인다. 이 바위를 움직이게
하려면 지렛대가 필요할 것이다. 마찬가지로 사회를 바꾸려고 할 때도 지렛대가
필요하다. 마르크스의 『자본』이 제시하는 지렛대는 무엇일까?

지시했답니다. 병사들이 달려들어 바위를 밀었는데, 웬걸! 바위가 조금 움직이기는 했지만 굴러떨어지지는 않았답니다. 병사들을 더 투입해도 결과는 마찬가지였답니다. 나중에는 코끼리까지 동원했지만 그래도 바위는 굴러떨어지지 않았다는군요. 그제야 바위가 매우 안정되어 있다는 사실을 깨달은 왕은 바위를 그대로 두게 했답니다.

우리나라에도 비슷한 바위가 있지요? 설악산에 있는 유명한 흔들바위입니다. 이 바위도 오래전부터 많은 사람들이 아래로 굴려 떨어뜨리려 했지만 실패했다는 전설을 안고 지금까지 용케 자리를 지키고 있습니다.

그런데 여러분, 혹시 우리가 이 바위를 안전한 곳으로 옮기고자 한다면 이 바위를 움직일 방법이 없을까요? 간단한 방법이 있습니다. 바로 지렛대를 이용하는 것입니다. 바위를 옮기려 했던 개미들의 의지에 빠져 있던 것은 바로 이것이었습니다. 과학이었던 것입니다. 과학이 빠진 의지는 미신에 불과합니다. 그러면 사회를 변화시킬 수 있는 지렛대, 즉 과학은 무엇일까요?

사회 변화의 원리

마르크스는 사물이 변화하는 과정을 과학적으로 알아내려 했습니다. 보통 '변증법'이라고 알려진 원리입니다. 먼저 마르크스가 변증법을 통해 어떤 변화를 찾아내려고 했는지 들어 볼까요.

경제생활은 생물학이라는 다른 영역에서의 발전사와 비슷한 현상을 우리에게 보여 준다. (……) 그런 연구(경제학을 가리키는 말입니다-지은이)의 과학적 가치는 하나의 주어진 사회적 유기체가 탄생하여 유지, 발전하다가 더욱 고도의 다른 유기체에 의해 대체될 때까지의 모든 과정을 규정하는 특수한 법칙을 해명하는 데 있다.(1권, 59~60쪽)

단서는 생물학 또는 유기체라는 말 속에 담겨 있습니다. 사회는 마치 생물이 성장해 나가는 것과 같은 방식으로 변화한다는 것입니다. 이것은 사회를 구성하는 인간이 생물이기 때문이기도 합니다.

그러면 생물이 어떻게 성장하는지를 함께 생각해 봅시다. 저는 나이가 예순에 가까운 중년입니다. 여러분이 보기에는 많이 늙었지요? 그런데 저는 원래부터 중년이 아니었습니다. 저도 여러분 같은 꽃다운 십 대를 거쳐서 중년이 되었습니다. 그렇다면 제가 머물고 있는 중년 속에는 출생 직후의 유아기와 여러분과 같은 청소년기, 그리고 30대와 40대의 장년기가 모두 포함되어 있습니다. 저의 중년 속에는 그 시기 동안 제가 경험한 것들이 모두 녹아들어 있습니다. 여기에는 두 가지 의미가 있습니다.

하나는 현재의 모든 상태가 과거의 결과물이라는 뜻입니다. 그것은 곧 현재가 앞으로 닥쳐올 미래의 원인이자 출발점이기도

〈통찰력〉

르네 마그리트, 1936년

이 그림은 변증법이 담고 있는 통찰을 잘 보여 준다.
새는 알을 깨고 나온다. 즉 새는 알을 부정함으로써 비로소 새로 성장한다.
그러나 동시에 알은 새의 가능성이다. 새는 알의 가능성이 구현된 것으로
그것을 간직하고 있다. 그림 속 화가가 알에서 새의 가능성을 보듯이,
마르크스는 자본주의에서 자본주의를 넘어서는
새로운 사회의 가능성을 보았다.

하다는 뜻입니다. 모든 현상은 과거와 미래의 중간에 위치하며 이들과 연결된 형태로 존재합니다. 그래서 변화는 현재의 상태와 전혀 무관하게 외부에서 갑자기 나타나는 '깜짝 쇼' 같은 것이 아닙니다. 변화는 우리의 과거 속에서 싹을 틔운 다음 그것이 점차 자라나야 비로소 드러납니다. 과거에 싹이 만들어져 있지 않은 것이 갑자기 드러날 수는 없습니다.

다른 의미는 현재로 발전하기 위해서는 과거가 끝나야 한다는 것입니다. 젖 먹던 아이가 소년으로 자라나기 위해서는 젖을 떼야만 합니다. 대학에 들어가기 위해서는 고등학교를 졸업해야만 합니다. 그리고 어른이 되기 위해서는 청소년기를 끝내야 하는 것 아니겠습니까? 즉 현재의 시작은 과거의 끝이며, 현재의 끝은 미래의 시작인 것입니다. 모든 것은 끝과 시작으로 이어져 있으며, 따라서 변화는 어떤 것의 끝에서 시작됩니다.

마르크스는 변증법이 품고 있는 이 두 가지 의미를 다음과 같이 압축해서 표현합니다.

변증법은 현존하는 것들에 대한 긍정적인 이해 속에 그것의 부정과 그것의 필연적인 몰락에 대한 이해를 함께 간직하고 있을 뿐만 아니라 생성하는 모든 형태를 운동의 흐름으로 파악하며, ……(1권, 61쪽)

이미 자본주의 속에 숨어 있는 변화의 지렛대

이제 자본주의를 변화시킬 지렛대도 유추해 봅시다. 그것은 우리가 지금까지 살펴본 두 가지 의미와 관련되어 있습니다.

먼저 자본주의의 변화는 그 속에서 싹을 틔워 자라나고 있는 것을 토대로 해서만 이루어질 수 있습니다. 자본주의를 변화시킬 지렛대는 자본주의 속에 이미 존재하고 있는 것입니다. 우리는 그것을 찾아내기만 하면 됩니다. 그리고 또 한 가지, 자본주의는 과거의 어떤 것이 끝나면서 시작되는 것입니다. 자본주의의 변화가 시작되는 곳은 바로 자본주의의 끝이 시작되는 곳입니다.

이 두 가지 의미를 결합하면 자본주의를 변화시킬 지렛대가 어떤 것일지 대충 알 수 있습니다. 그것은 자본주의 내부에 자본주의가 아닌 요소, 즉 자본주의와 모순되는 요소로서 숨겨져 있으면서 점점 자라나고 있는 어떤 것입니다. 이것은 마치 복어나 뱀의 치명적인 독의 해독제가 바로 그 복어나 뱀의 몸속에 있는 원리와 마찬가지입니다. 그렇다면 그것은 도대체 무엇일까요?

우리 속담에 될성부른 나무는 떡잎부터 알아본다는 말이 있습니다. 나중에 커서 무엇이 될지 어릴 적 모습만 봐도 이미 알 수 있다는 뜻이지요. 현재와 미래가 연결되어 있다는 변증법의 정수를 담고 있는 말이라고 생각합니다.

그런 사례로 제가 자주 들던 얘기 하나만 할까요. 조선 시대의 명재상이었던 오성 이항복의 어릴 적 얘기입니다. 이웃에 살던 권철 대감 집을 찾은 이항복이 대감의 방문 창호지를 뚫으며 주먹을 불쑥 들이밀었습니다. 그러고는 대감에게 이 주먹이 누구의 주먹이냐고 여쭈었답니다. 대감은 "네 몸에 딸렸으니 네 주먹이지."라고 대답했습니다. 그러자 이항복은 하인을 시켜 자기 집 감나무에 열렸지만 권 대감 집 담장 너머로 뻗친 감을 따오게 했다는군요. 이에 권철 대감은 이항복의 떡잎을 알아보고 곧바로 자기 집 손녀사위로 삼았다고 합니다. 임진왜란 때 행주대첩으로 유명한 권율 장군이 바로 이항복의 장인이랍니다.

자본주의를 변화시킬 싹 또한 자본주의의 떡잎 속에 이미 깃들어 있습니다. 자본주의도 과거의 어떤 것이 끝나면서 새롭게 만들어진 경제 구조입니다. 자본주의 이전의 경제 구조를 우리는 봉건제라고 합니다. 앞서 우리가 보았던 개미와 베짱이의 우화가 만들어진 바로 그 경제 구조이지요. 봉건제 경제 구조의 특징은 생산과 소비가 일치하는 것이었는데, 자본주의는 이 구조에 교환이 개입하면서 생산과 소비를 분리시킨 것이었습니다. 그래서 우리의 얘기도 이 교환에서 시작했습니다. 말하자면 교환은 자본주의의 가장 중요한 특징을 이루는 떡잎입니다.

지렛대의 정체는 교환과 민주주의

그런데 이 떡잎 속에 자본주의를 변화시킬 지렛대가 숨겨져 있답니다. 그러면 교환이 무엇인지 마르크스의 얘기를 들어 보도록 합시다.

> 한편은 다른 편의 동의 아래에서만, 즉 양쪽 모두가 서로 합의
> 하는 하나의 의지 행위를 통해서만 다른 상품을 자신의 것으
> 로 만들게 된다. 즉 그들은 서로를 사적 소유자로 인정해 주어
> 야만 한다.(1권, 149쪽)

마르크스가 상품의 교환 과정을 표현한 말입니다. 교환은 보
통 수학적으로는 등식(＝)으로 표현합니다. 교환이란 같은 것끼
리 바꾸는 것이거든요. 그런데 그처럼 같은 것끼리 바꾸는 데 필
요한 조건이 바로 마르크스가 여기에서 말하는 것들입니다. 두
교환 당사자들은 상대를 자신과 동등한 사람으로 인정해야 하
며, 두 사람은 교환에 합의하고 동의해야만 합니다. 서로 동등한
사람으로 인정하지 않으면 동의나 합의가 무시될 수 있고, 그럴
경우에는 교환이 원만하게 이루어지지 않을 가능성이 큽니다.
우리는 서로 인정하거나 합의하지 않는 교환을 사기 · 협잡 · 강
도 · 절도와 같은 말로 표현합니다. 분명 두 사람 사이에서 무엇
인가 오가긴 했지만 그런 것들을 교환이라고 하지는 않습니다.
　그런데 서로 상대를 인정하고 서로 합의하는 것이라는 말은
어디서 많이 들어 보지 않았나요? 여러분, 그것은 바로 민주주
의의 원리입니다. 모든 사람을 똑같이 인정해서 1인 1표의 권리
를 갖고 각자가 투표로 의사를 표현한 다음 그 결과에 합의하는

것, 그것이 민주주의 아닌가요? 자본주의는 교환에서 출발했으며, 교환은 민주주의를 토대로 해서만 가능한 것이었습니다. 민주주의가 없는 곳에서는 교환이 불가능합니다. 실제로 자본주의는 프랑스 대혁명을 통한 근대 민주주의와 함께 시작되었습니다. 그래서 오늘날 자본주의에서 생활하는 우리는 민주주의를 당연한 것으로 여깁니다.

그런데 자본주의는 과연 민주적인 경제 구조일까요? 많은 것들이 교환가치 또는 가격에 따라 등가 교환이 이루어집니다. 그런데 자본주의에서 이루어지는 교환 가운데 노동력과 관련된 개미와 베짱이의 교환에서만은 등가 교환이 이루어지지 않습니다. 개미의 노동은 베짱이에게 이전됩니다. 개미는 임금을 받고 그보다 더 큰 노동을 베짱이에게 넘깁니다. 개미가 이런 불공평한 교환을 하는 까닭은 '어쩔 수 없어서'입니다.

이것이 민주주의의 원리와 일치하는 것일까요? 개미와 베짱이가 서로 상대방을 동등한 인간으로 인정하고 교환에 합의하는 것일까요? 아닙니다. 개미의 노동은 베짱이에 의해 강제된 것이지 개미의 자발적인 동의나 합의에 의한 것이 아닙니다. 그것은 민주주의가 아닌 것입니다. 그것은 자본주의가 출발할 때의 원리와 일치하지 않습니다. 마르크스는 이렇게 표현하고 있습니다.

자본주의 체제의 (……) 발전 (……) 과정에서 생기는 모든 이익을 가로채 독점하는 대자본가 (……). 그런데 자본 독점은 자신과 함께 (……) 개화한 이 생산양식의 질곡으로 작용하게 된다.(1권, 1022쪽)

자본주의는 교환에서 시작했고, 교환은 민주주의를 기초로 해야만 이루어질 수 있습니다. 그런데 개미와 베짱이의 교환은 이 민주주의를 배반하고 있습니다. 즉 자본주의 내부에 이미 그 떡잎이 담겨 있지만 스스로 배반하는 것, 그것이 바로 민주주의인 것입니다. 자본주의를 변화시킬 지렛대는 민주주의이며, 마르크스의 『자본』이 상품에서 출발하면서 교환을 논의의 기점으로 삼는 것은 바로 이 때문입니다.

현재의 위태로운 버스에서 안전한 새 버스로 갈아타는 방법은 민주주의를 통해 이루어집니다. 그러면 민주주의는 어떻게 개미들을 새로운 버스로 옮겨 줄까요? 민주주의의 기본 원리는 소수가 독점하고 있는 것을 다수가 나누어 갖는 것입니다. 사실 자본주의와 함께 출발한 프랑스 대혁명은 극소수 귀족들이 독점하던 정치적 권리를 일반 국민들이 나누어 가진 사건입니다. '정치적 민주화'였던 것입니다. 지금 우리가 문제로 삼는 민주주의는 부의 독점과 관련된 '경제적 민주주의'입니다. 정치적 민주주의는 혁명을 통해서 이루어졌습니다. 그러면 경제적 민주주의도 혁명을 통해서 달성되는 것일까요?

민주주의의 실현 방법

물론 변화를 단번에 이루고 싶은 성질 급한 사람에게는 혁명이야말로 속 시원하게 '화끈한' 해결 방법이겠지만, 『자본』이 알려주는 방법은 그것이 아닙니다. 마르크스는 다른 사람의 입을 빌려 스스로 이렇게 말합니다.

> 마르크스는 사회 운동을 하나의 자연사적 과정으로, 즉 인간의 의지나 의식 그리고 의도와는 무관한, 아니 오히려 이들 의지나 의식·의도를 규정하는 그런 법칙이 지배하는 과정으로 간주하였다.(1권, 58쪽)

말이 어렵죠. 설명하면 이렇습니다. 대나무로 활을 만들려면 대나무의 자연적인 성질에 맞추어 불에 달궈서 구부려야 합니다. 대나무를 그저 힘으로만 구부리면 부러지고 맙니다. 민주주의에도 이와 마찬가지의 성질이 있는데, 마르크스는 그것을 사회 운동의 법칙이라고 얘기합니다. 마르크스가 자본주의 속에서 발견한 자본주의를 바꿀 과학적 지렛대는 민주주의의 법칙, 즉 교환입니다. 따라서 민주주의는 교환이라는 사회 운동의 법칙을 통해서 개미들을 새 버스로 옮겨 줍니다. 개미들은 베짱이와의 교환을 통해서 자본주의를 새로운 경제 구조로, 즉 '자유의 나라'로 변화시킬 수 있는 것입니다.

그러나 우리가 알다시피 한 사람 한 사람의 개미들은 베짱이

앞에만 서면 고양이 앞의 쥐 신세입니다. 사장 앞에 혼자 나서서 "나, 이제 안 해!"라고 소리칠 수 있는 개미가 어디 흔하겠습니까? 목구멍이 포도청인데 말입니다.

그래서 개미들은 개별적인 형태가 아니라 사회적인 형태로 베짱이와 교환을 해야 합니다. 이를 위해 개미들은 사회적 집단을 이루어야 할 필요가 있습니다. 노동조합과 노동자 정당이 만들어진 이유가 바로 그것입니다.

한 가지 다행스러운 일은 개미들의 수가 베짱이보다 훨씬 많다는 사실입니다. 그래서 이들 개미의 사회적 조직은 자유의 나라를 이루는 기본 원리인 생산과 소비의 사회화를 교섭할 수 있는 힘을 가지고 있습니다. 베짱이들은 불행히도 개미들의 사회화를 위한 교섭 요구를 거부할 수 없습니다. 베짱이가 서 있는 자본주의가 바로 교환과 민주주의 위에서만 존립할 수 있는 경제 체제이기 때문입니다. 교환과 민주주의를 거부하는 것은 자본주의를 그만두자는 말과 같거든요.

사회적 조직을 통한 개미와 베짱이의 교섭에서는 교환의 내용이 사회적인 성격을 띠게 됩니다. 교환의 단위가 사회적 단위니까요. 그래서 이러한 사회적 교섭을 통해 경제 구조는 점점 더 사회적 성격을 많이 띠게 됩니다. 생산과 소비는 점차 사회화됩니다. 사회 간접 자본의 영역이 확장되면서 도로·항만뿐 아니라 이와 관련된 생산 영역, 즉 버스 회사·트럭 회사·선박 회사·항공사·조선소·자동차 회사 등으로 사회화가 확대되며, 사회가 공동으로 소비하는 영역인 학교와 병원·놀이동산 등도 사회화됩니다.

그것이 바로 우리가 앞 장에서 살펴본 대안적 목표, 즉 '자유의 나라' 아닙니까? 이처럼 민주주의는 개미들을 사회적 집단으로 조직한 다음 교환이라는 경제 법칙을 통해 자본주의를 점차 사회화하면서 '자유의 나라'로 변화시켜 나갑니다. 민주주의라는 지렛대는 이런 방식으로 작동하는 것입니다. 물론 노동조합과 노동자 정당이 잘 조직된 사회일수록 자유의 나라에 더 가까이 갈 수 있을 것입니다. 우리가 앞 장에서 자유의 나라에 훨씬 가까이 다가섰다고 한 북유럽의 여러 나라가 바로 노동조합과 노동자를 대변하는 정당이 잘 발달된 나라들입니다.

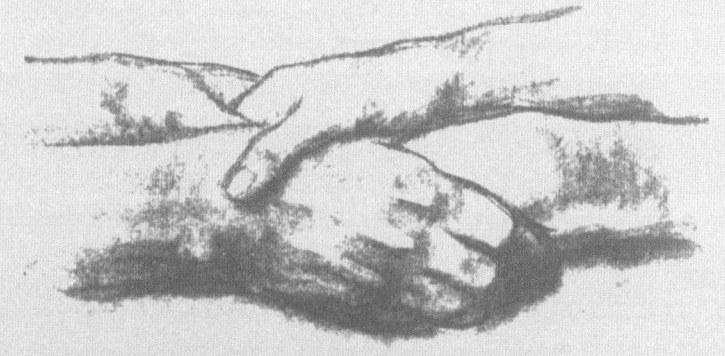

경쟁에서 협력으로

보고 싶지 않은 진실

저는 중학교, 고등학교, 대학교를 모두 입시를 거쳐 진학한 '완전' 입시 세대입니다. 그러다 보니 국민학교(지금의 초등학교)를 다니던 어린 시절부터 시험에 상당한 경력을 쌓아 온 셈입니다. 아마 여러분도 스스로 '시험 경력에 관한 한 나도 만만치는 않은데.'라고 생각할 겁니다. 그래서 여러분과 말이 좀 통할 것 같아 시험과 관련된 얘기를 하나 할까 합니다.

제 딸아이가 수능 시험을 치렀을 때입니다. 여느 부모들과 마찬가지로 새벽에 아이를 시험장으로 들여보냈습니다. 초조한 마음을 안고 일단 학교로 출근했다가, 시험이 끝날 때쯤 아내와 함께 아이를 마중 나갔습니다. 그러고는 시험을 치르고 나온 아이에게 다른 부모들과 똑같은 물음을 던졌습니다.

"그래, 시험은 어땠어?"

그러자 딸아이는 이렇게 대답했습니다.

"응, 괜찮았어. 아는 게 많이 나왔어!"

그 말을 듣는 순간 제 마음이 어땠는지 아십니까?

'아뿔싸, 이 녀석이 시험을 제대로 보지 못했군!'

여러분, 시험을 잘 본 사람과 잘 못 본 사람의 차이가 무언지 혹시 압니까? 지금까지 많은 시험을 치르면서 이제는 터득하지 않았습니까? 시험에서 자기가 아는 것을 많이 본 사람은 시험을 못 본 사람입니다. 반대로, 시험에서 자기가 미심쩍어 하는 문제를 많이 본 사람은 시험을 잘 본 사람이랍니다. 왜냐고요? 일반적으로 사람들은 자기가 보고 싶어 하는 것만을 보는 경향이 있습니다. 그래서 실수를 하고 잘못된 길로 빠져듭니다. 그러나 자기가 보고 싶지 않은 것을 볼 수 있는 사람은 이미 실수에 대비하고 잘못된 길을 피하고 있는 사람인 것입니다.

여러분, 시험 문제라는 것에는 (꼭 그렇지는 않지만) 대개 정답이 있습니다. 그런데도 우리는 답을 맞히지 못하고 틀립니다. 진실 또는 진리라는 것은 그런 것입니다. 분명히 우리 눈앞에 존재하는데도 우리가 그것을 보지 못하는 것이지요. 그 까닭은 그것을 보고 싶어 하지 않기 때문입니다.

진실의 정답은 민주주의

제가 정답 얘기를 꺼낸 이유는 이제 이 책을 마무리할 때가 되었기 때문입니다. 우리는 인류에게 가장 큰 영향을 끼쳤다고 평가받으면서도 유독 우리나라에서만은 별로 알려지지 않았고, 오히려 판도라의 상자처럼 금기시되었던 카를 마르크스의 『자본』을 맛보기 형태로 간단하게 훑어보았습니다.

우리는 『자본』이 혁명이 일어난 원인과 혁명이 실패한 이유를 밝히기 위해 집필되었다는 것을 보았습니다. 마르크스는 두 가지 의문의 실마리를 개미와 베짱이의 우화가 뒤집힌 수수께끼에서 찾기 시작했습니다. 수수께끼를 푸는 단서는 교환이라는 자본주의의 특수한 구조 속에 숨어 있었습니다. 교환은 개미의 노동을 부와 분리시킴으로써 개미와 베짱이의 우화가 뒤집어질 가능성을 만들었습니다. 우리는 베짱이가 잔인한 형벌로 개미를 탄생시킨 뒤 각종 인위적인 장치를 통해서 이를 대물림하려 한다는 사실도 알았습니다.

그러나 사물의 운동 법칙이 그렇듯, 좋은 일만 계속 이어지는 법은 없습니다. 베짱이의 이 인위적인 장치들은 한계를 가지고 있습니다. 또한 자본주의라는 경제 구조 자체도 해결하기 어려운 큰 결함을 안고 있습니다. 그것은 공황이라는 폭발적인 모습으로 자신의 결함을 확인시킵니다.

아침에 뜨는 해는 저녁에 지게 되어 있습니다. 카르타고와 로마가 그러했듯이 자본주의도 또한 끝을 준비하고 있습니다. 그 끝은 자본주의 내부에서 만들어지는 것임을 우리는 보았습니다. 우리의 상식을 배반하는 개미와 베짱이의 뒤집힌 운명은 제자리를 찾아가게 되어 있습니다.

개미와 베짱이의 운명을 뒤집어 놓은 자본주의는 인위적인 경제 구조입니다. 따라서 그것을 교체할 대안에 의해서만 제자리를 찾아가게 되어 있었습니다. 『자본』은 거기에 과학적인 지렛대를 제공했습니다. 바로 그 때문에 인류의 지성사에 지대한 영향을 끼친 것입니다. 마르크스는 대안의 목표와 수단에 대해서도 분명한 답을 제시했습니다. 강제로 이루어지던 노동에서 벗어난 자유의 나라가 목표입니다. 그리고 자유의 나라로 가는 수단은 베짱이가 거부할 수 없는 민주주의입니다.

정답은 왜 실현되지 않을까?

분명한 답을 제시한 『자본』이 세상에 알려진 지 벌써 150여 년이 지났습니다(우리나라에는 늦게 알려져서 겨우 20여 년밖에 되지 않았지만 말입니다). 그러나 이 세상 어디에도 아직 마르크스가 얘기했던 자유의 나라에 도달한 사회는 없습니다. 단지 북유럽의 나라들처럼 조금 가까이 다가선 사회만 존재합니다. 이 나라들이 있어서 그것이 해답이라는 점은 확인되지만 아직 완전히 실현된 사례는 존재하지 않습니다. 대체 왜 그럴까요?

마르크스가 제시한 해답, '경제 민주주의의 실현'은 개미들 자신에 의해서만 이루어질 수 있는 것입니다. 개미들의 운명을 바꾸어 놓은 자본주의라는 경제 구조는 인위적으로 만들어진 제도입니다. 따라서 저절로 없어지거나 변화하는 것이 아니라 인위적인 노력에 의해서만 없애거나 교체할 수 있습니다. 마르크스는 그러한 인위적인 노력에 대해서도, 개미들이 사회적으로 조직되는 것을 해답으로 제시했습니다. 그런데 그 변화는 개미 한 사람 한 사람이 그런 사회적 조직에 참여하기로 결정을 내려야만 이루어집니다. 아직 해답이 실현되지 않은 이유는 바로 개미들이 이 해답을 보고 싶어 하지 않기 때문입니다.

왜 그럴까요? 개미들이 해답을 보고 싶어 하지 않는 이유는 무엇일까요? 한 가지 예를 들어 봅시다. 2011년 신세계 계열의 대형 유통 업체 이마트에서 '이마트 피자'라는 것을 출시하면서 동네 피자 가게들이 어려움에 처하게 되어 사회적으로 문제가 된 적이 있습니다. 게다가 롯데마트에서까지 '통 큰 치킨'이라는 것을 출시해 문제를 더욱 키웠지요. 대형 유통 업체와 동네 가게들 사이의 경쟁이 문제가 된 것입니다.

동네의 조그만 피자 가게나 치킨 가게가 대형 유통 업체인 이마트나 롯데마트와 경쟁하면 결과가 어떻게 될지는 누구나 쉽게 짐작할 수 있습니다. 대형 유통 업체는 많은 자본과 인력, 거기에다 대량 거래의 이점까지 이용해 동네 가게들보다 훨씬 싼 값에 피자나 치킨을 공급함으로써 동네 가게의 고객을 깡그리 빼앗아 가 버릴 수 있으니까요. 마치 힘센 어른과 이제 겨우 걸음마를 시작한 어린아이가 씨름 경기를 하는 것과 마찬가지입니다. 그래서 동네 가게들은 대형 유통 업체와 경쟁하는 것을 무서워합니다. 실제로 대형 유통 업체가 들어선 곳에서는 많은 동네 가게들이 경영이 어려워져서 문을 닫았습니다.

그런데 한번 생각해 봅시다. 영세 상인들이 그렇게 무서워하는 이마트의 자본금이 얼마인지 압니까? 1,393억 원(2011년 6월 기준)입니다. 그리고 이마트를 그렇게 무서워하는 동네 가게와 같은 처지의 자영업자 수는 560만 명입니다(2010년 기준). 아무리 규모가 영세한 가게라도 하나 차리려면 최소한 1억 원은 들어갑니다. 영세 자영업자들이 갖고 있는 자본금을 1인당 1억 원으로 계산하면 무려 560조 원으로, 이마트를 거의 4천 개쯤 설립할 수 있는 규모입니다. 만일 560만 명이 사회적으로 단결한다면 1인당 2만 5천 원씩만 모아도 이마트와 똑같은 크기의 대형 유통 업체를 설립할 자본금을 만들 수 있습니다. 사회화의 힘은 이렇게 놀라운 것입니다.

그런데 동네 가게 사장님들은 이런 단순한 해법에는 눈을 돌리지 않고 오로지 국회 앞이나 이마트 앞에서 머리띠를 두르고 힘든 싸움을 합니다. 이길 가능성도 별로 크지 않을 뿐 아니라, 설사 이긴다 해도 이들 대형 유통 업체가 한껏 생색을 내면서 눈곱만큼만 양보해 주는 결과 외에는 기대하기 어려운 싸움을 말입니다. 요컨대 그것은 자기들이 스스로 해결하는 방법이 아니라 딱하게도 상대편에게 사정하는 방법일 뿐입니다. 해결의 열쇠를 자신이 쥐지 않고 상대편에게 떠넘기는 것입니다.

왜 그럴까요? 물론 당장은 사회화가 말처럼 쉽지 않기 때문일 수 있습니다. 두 사람이 만나 점심 메뉴를 결정하는 것조차 쉽지 않은데, 수백만 명의 사람들이 조직적으로 뜻을 모은다는 것이 쉬운 일은 아니지요. 게다가 무엇보다 단숨에 될 수 있는 일이 아니고 많은 노력과 시간이 소요되는 일이지요.

그러나 그것이 불가능한 일은 결코 아닙니다. 우리가 앞서 보았듯이 자유의 나라에 가까이 다가선 북유럽의 나라들에서는 개미들의 사회적 조직이 상당한 수준으로 이루어져서 이런 싸움은 더 이상 하지 않거든요.

경쟁을 넘어서는 협력

저는 여기에는 더 근본적인 이유가 있다고 생각합니다. 사회화는 무엇보다도 개인들 간의 경쟁을 포기해야만 이루어집니다. 경쟁하는 사람들끼리는 사회화를 이룰 수 없습니다. 사회화의 원리는 협력이기 때문입니다. 동네 가게의 해법은 동네 가게들끼리의 경쟁을 멈추고 서로 협력할 때에만 비로소 실현될 수 있습니다. 이때의 협력은 머리띠를 두르고 외부의 적에게 항의하는 방식인 바깥을 향한 협력이 아닙니다. 자신들이 스스로 힘을 합쳐 외부의 적을 뛰어넘는 세력을 형성하는 내부적인 협력을 가리키는 말입니다.

상황이 좀 복잡하기 때문에 구조가 단순한 자영업자들의 예부터 들긴 했지만, 이것은 대량 해고를 두고 갈등이 벌어진 개미들의 경우에도 그대로 적용될 수 있는 것 아닐까요? 최근 우리 사회에서 대량 해고 문제가 불거졌던 대표적인 사업장 두 군데를 봅시다. 2009년에 사건이 터진 쌍용자동차의 경우 나중에 인도의 마힌드라가 인수한 대금은 5,225억 원이었고, 2011년에

〈곤봉 결투〉

프란시스코 고야, 1823년

무릎까지 땅속에 묻혀서 움직일 수 없는 두 남자가
무의미한 싸움을 벌이고 있다. 둘 중 이기는 사람이 살아남는 것일까?
안타깝지만 아무도 살아남을 것 같지 않다. 자본주의 사회에서 이루어지는
경쟁의 본질이 바로 이런 것 아닐까?

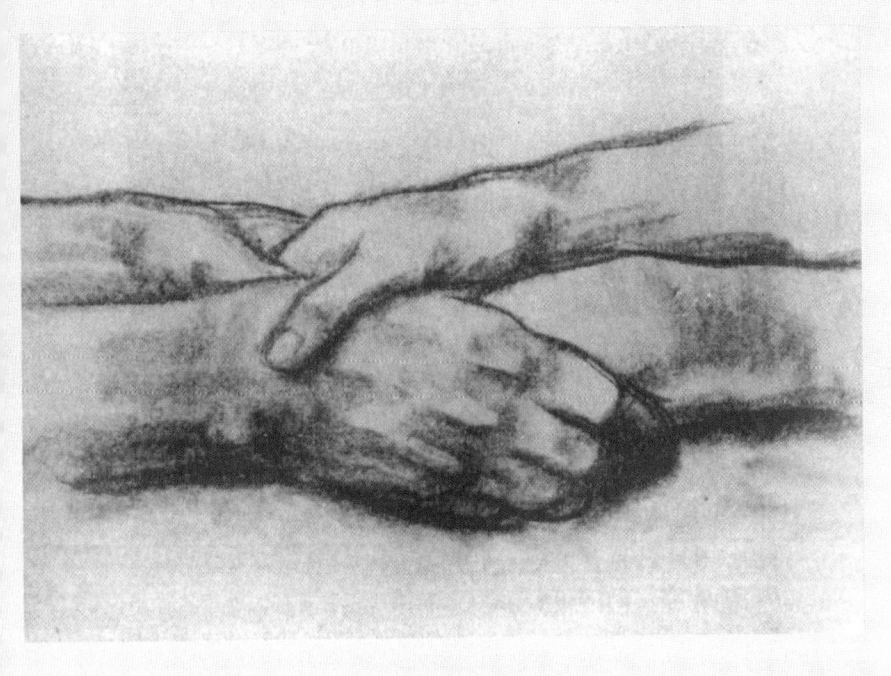

〈마주 잡은 손〉

케테 콜비츠, 1938년

각기 눈앞의 작은 이익을 바라보며 남들보다 빨리 가야겠다고
무한 경쟁을 벌이면 모두가 불행해진다. 소모적인 경쟁을 그만두고
우리가 서로의 손을 잡고 함께 힘을 모은다면 더 큰 세상이 펼쳐질 것이다.

희망버스가 조직되었던 한진중공업은 납입 자본금*이 2,390억 원이랍니다. 우리나라에서 베짱이에게 고용된 개미의 수는 자영업자의 3배가 넘는 약 1,700만 명입니다. 따라서 이 두 사업장을 모두 인수하고 새로 설립하고자 한다면 이들 개미가 1인당 4만 5천 원씩만 내면 됩니다.

혹시 이것이 현실성이 없어 보입니까? 조금 더 현실에 다가가서 얘기해 볼까요? 쌍용자동차와 한진중공업이 소속된 금속노조의 조합원은 약 17만 명입니다. 만약 금속노조 조합원들이 이 두 사업장의 문제를 자신들의 문제로 생각한다면 조합원 1인당 450만 원을 내면 됩니다. 450만 원이 그렇게 많은 돈일까요? 금속노조의 자체 조사에 따르면 금속노조 조합원들의 월 평균 임금은 약 350만 원입니다. 이를테면 450만 원은 이 조합원들이 매달 40만 원 정도를 일 년 동안 모아야 되는 금액이지요. 물론 개미들에게는 적지 않은 금액이지만 정리 해고의 절박성을 생각한다면 부담하기 불가능한 액수라고는 결코 생각할 수 없습니다. 더구나 베짱이에게 비굴하게 사정하기보다는 개미들 스스로의 힘으로 해결할 수 있는 방법이라는 측면에서 본다면 말입니다.

즉 개미들이 힘을 합쳐 아예 회사를 통째로 살 수 있는 것입니다. 앞서 대형 유통 업체와의 경쟁에서도 영세 자영업자들이

* 주식회사를 설립할 때 해당 회사의 주식에 대해 납입한 금액을 말합니다.

힘을 모아서 아예 이마트나 롯데마트보다 더 큰 유통 업체를 만들어 버릴 수 있습니다. 노동자나 영세 자영업자 한 사람 한 사람이 가진 힘은 보잘것없는 것 같지만, 이들의 수는 엄청나게 많기 때문에 이들이 힘을 모으기만 하면 개개인의 어려움을 집단의 힘으로 극복할 수 있는 것입니다. 뭉치면 살고 흩어지면 죽는다! 바로 그 원리인 것입니다. 이것이 곧 『자본』이 제시한 해답, 사회화의 원리입니다.

그러나 이처럼 단순한 해법이 실현되지 못하는 이유, 즉 사회화가 어려운 이유는 개인들끼리의 경쟁이 협력을 가로막고 있기 때문입니다. 즉 내 것만 보고 우리 것은 보지 못하는 탓입니다. 내 것을 합치기만 하면 곧바로 우리 것이 되는데도 말입니다. 같은 공장과 사무실에서 똑같은 일을 하는 개미들끼리도 정규직과 비정규직으로 나뉘어 있고, 이런 차별을 해소하려고 노력하기는커녕 오히려 정규직이 비정규직을 차별하고 이들을 자신의 방패막이로 사용하는 기막힌 모습이 우리나라의 현실이 아닙니까? 더구나 내가 근무하는 사업장이 아닌 다음에야 더 말할 필요가 어디 있겠습니까?

그러나 지금까지 『자본』을 통해 살펴보았듯이 교환이 중심이 되어 버린 자본주의 사회는 이미 혼자 힘만으로 살 수 있는 세상이 아닙니다. 교환은 혼자서 하는 것이 아니라 두 사람 이상이 하는 것이니까요. 이처럼 세상은 '나' 혼자가 아니라 '우리'로 존재하고 있는데, 우리 사회의 개미들은 한사코 그것을 보려

하지 않고 있습니다. 이것은 마치 비구름이 온 세상을 덮으면서 다가와 있는데도(아니, 사실은 벌써부터 비가 내리기 시작했는데도) 나만 그 비를 피할 수 있으리라고 믿는 태도나 다름없어 보입니다.

과학과 미신의 갈림길에서

이런 믿음을 우리는 미신이라고 부릅니다. 미신과 과학의 차이점은, 미신은 결코 현실이 되지 않지만 과학은 결국 현실이 된다는 데 있습니다. 나만 비를 피할 수 있으리라는 허망한 신기루에 목을 매는 재테크 책은 해마다 수백만 부가 판매되고 있지만, 우리나라 전체 개미 1,700만 명 가운데 민주노총*에 가입한 개미들의 수는 그 5퍼센트에 불과한 68만 명(2010년 기준)뿐이랍니다. 게다가 민주노총에 가입한 사업장들마저도 쌍용자동차나 한진중공업에 내리는 비구름이 나만 비켜 가리라고 생각하고 있으니, 참으로 안타까운 일이지요. 무슨 좋은 방법이 없을까요?

우리보다 앞서 개미들을 사회적으로 조직하고 '자유의 나라'에 더 가깝게 다가선 북유럽의 나라들의 경험에서 보면 방법은 한 가지뿐인 것 같습니다. "지옥으로 가는 길은 좋은 의도로 포장되어"(1권, 282쪽) 있지만 진리로 향하는 길에는 왕도가 따로

---

* 우리나라 노동조합들을 하나로 묶은 조직으로, 전국민주노동조합총연맹의 줄임말입니다.

다큐멘터리 〈마르크스 재장전〉의 포스터와 마지막 장면

인기 영화 〈매트릭스〉를 패러디하며 전 세계적인 마르크스 열풍을 다룬 다큐멘터리 〈마르크스 재장전〉. 포스터는 진실을 인식할 수 있는 빨간 알약을 제안하고, 다큐멘터리의 마지막 장면은 진실의 알약이 바로 마르크스의 『자본』이라고 말한다.

없답니다. 개미와 베짱이의 뒤집힌 운명을 과학적으로 이해하고 그것의 올바른 해법을 인식하고 실천하는 길 외에는, 개미가 '나'를 뛰어넘어 '우리'로 나아가는 방법은 아직 없는 듯합니다. 마르크스도 이 문제를 놓고 많은 고민을 한 것 같지만, 결국 다음과 같은 말만 우리에게 남기고 있습니다.

이런 불리한 점에 대하여 나로서는 진리를 탐구하려는 독자들에게 미리 이 점을 알리고 각오를 다지게끔 하는 것 말고는 다른 아무것도 할 수 없습니다. 학문을 하는 데에는 평탄한 길이 없으며, 가파른 험한 길을 힘들여 기어 올라가는 노고를 두려워하지 않는 사람만이 빛나는 정상에 도달할 가능성이 있습니다.(1권 서문, 63쪽)

우리가 서 있는 이 자리는 과학과 미신의 갈림길입니다. 여러분은 이 갈림길에서 어떤 길을 선택하겠습니까?

너의 길을 걸어라, 그리고 남들이 뭐라고 하든 그냥 내버려 두어라!(1권 서문, 49쪽)